未来の入り口に
立つ君へ

10代のための
仕事図鑑

The career guide for teenagers

オーイズミ

数年後のあなたは、どんな仕事をしていますか？

とつぜんですが、みなさんが社会に出てはたらくまで、あと何年ありますか？

早い人は3年、5年、数年以内に。

そうでなくても、10年くらいではたらきはじめる人がほとんどでしょう。

何のために仕事を得てはたらくかというのは、人それぞれの考え方によってちがいます。

だれかを喜ばせたいから、たくさんお金を稼《かせ》ぎたいから、
世の中を変えるものを生みだしたいから、だれかに認めてもらいたいから――。

はたらく理由はさまざまですが、その目的を見失わなければ、
おのずと満足できる道が拓《ひら》けるはずです。

この本で紹介《しょうかい》している仕事は361種。

そのなかに、あなたの未来の姿があるかもしれません。

もしかしたら、このなかにはない仕事をあなたが生みだしているかもしれません。

この本を開けば、自分がなんのためにはたらくのか、
そのためにはどんな仕事に就けばいいのか、きっと少しずつ見えてくることでしょう。

数年後、あなたが望んだ未来へ近づいていることを願っています。

この本の使い方

この本では、全部で361種類の仕事について、どんな仕事なのか、どうやってなるのか、などを紹介しています。自分のなりたい仕事はもちろんのこと、聞いたことはあるけれどよく知らない仕事や、この本ではじめて見た仕事についても読んでみましょう。さらに、気になった仕事があれば、ほかの本や、インターネットでよりくわしく調べて深めてみるといいでしょう。

誌面の例

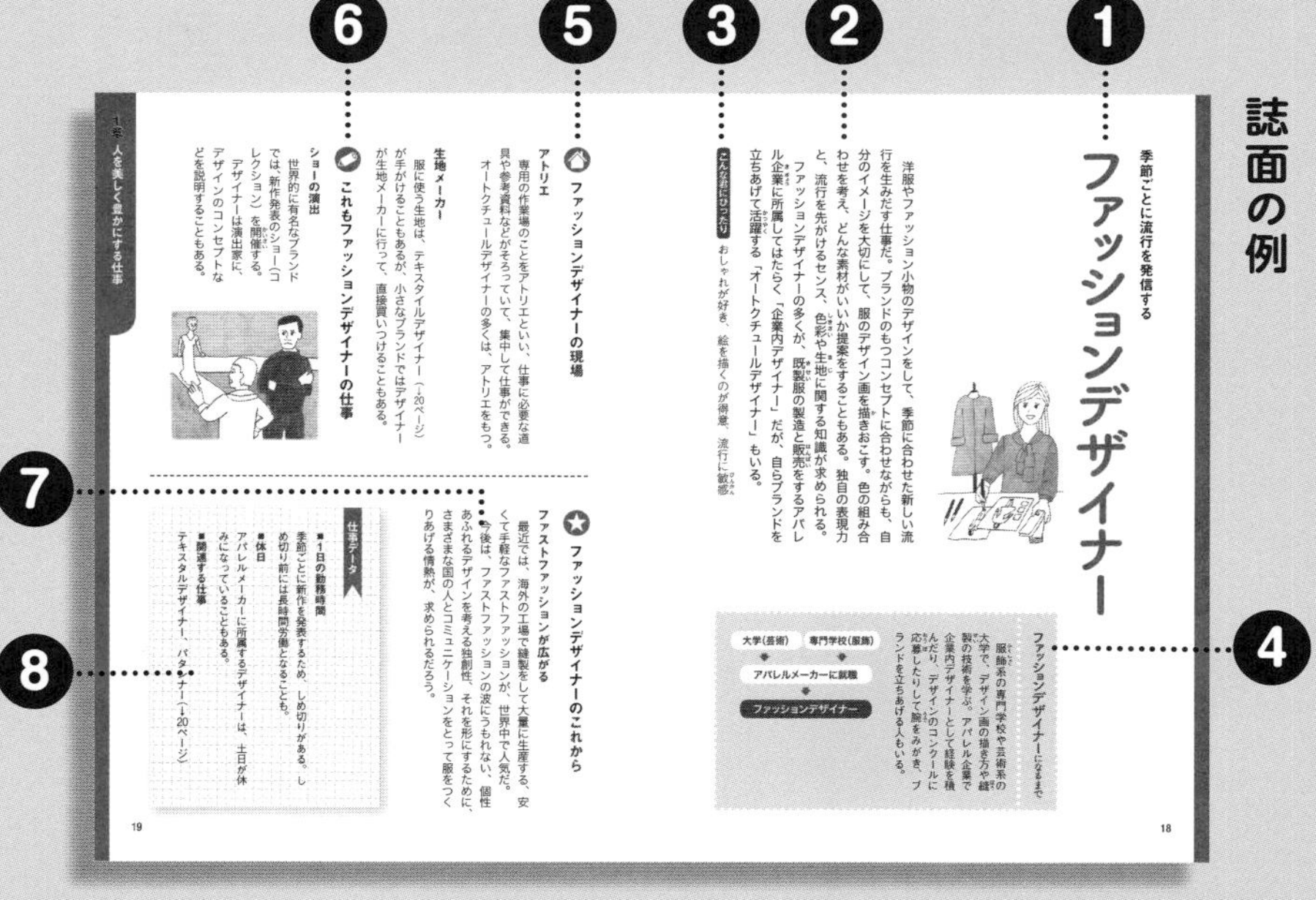

季節ごとに流行を発信する

ファッションデザイナー

洋服やファッション小物のデザインをして、季節に合わせた新しい流行を生みだす仕事だ。ブランドのもつコンセプトに合わせながらも、自分のイメージを大切にして、服のデザイン画を描《か》きおこす。色の組み合わせを考え、どんな素材がいいか提案をすることもある。独自の表現力と、流行を先がけるセンス、色彩《しきさい》や生地《きじ》に関する知識が求められる。

ファッションデザイナーの多くが、既製《きせい》服の製造と販売《はんばい》をするアパレル企業《きぎょう》に所属してはたらく「企業内デザイナー」だが、自らブランドを立ちあげて活躍《かつやく》する「オートクチュールデザイナー」もいる。

こんな君にぴったり　おしゃれが好き、絵を描くのが得意、流行に敏感《びんかん》

ファッションデザイナーになるまで

服飾《ふくしょく》系の専門学校や芸術系の大学で、デザイン画の描き方や縫《ほう》製の技術を学ぶ。アパレル企業で企業内デザイナーとして経験を積んだり、デザインのコンクールに応募《おうぼ》したりして腕《うで》をみがき、ブランドを立ちあげる人もいる。

大学(芸術)　専門学校(服飾)
↓
アパレルメーカーに就職
↓
ファッションデザイナー

18

ファッションデザイナーの現場

アトリエ

専用の作業場のことをアトリエといい、仕事に必要な道具や参考資料などがそろっていて、集中して仕事ができる。オートクチュールデザイナーの多くは、アトリエをもつ。

生地メーカー

服に使う生地は、テキスタイルデザイナー（→20ページ）が手がけることもあるが、小さなブランドではデザイナーが生地メーカーに行って、直接買いつけることもある。

これもファッションデザイナーの仕事

ショーの演出

世界的に有名なブランドでは、新作発表のショー(コレクション）を開催《かいさい》する。デザイナーは演出家に、デザインのコンセプトなどを説明することもある。

ファッションデザイナーのこれから

ファストファッションが広がる

最近では、海外の工場で縫製をして大量に生産する、安くて手軽なファストファッションが、世界中で人気だ。今後は、ファストファッションの波にうもれない、個性あふれるデザインを考える独創性、それを形にするために、さまざまな国の人とコミュニケーションをとって服をつくりあげる情熱が、求められるだろう。

仕事データ

■1日の勤務時間
季節ごとに新作を発表するため、しめ切りがある。しめ切り前には長時間労働となることも。

■休日
アパレルメーカーに所属するデザイナーは、土日が休みになっていることもある。

■関連する仕事
テキスタルデザイナー、パタンナー（→20ページ）

19

1巻　人を美しく豊かにする仕事

この本の特徴

❶〜❽のコーナーで、仕事について紹介しています。

❶ 職業名

❷ 仕事内容

❸ その仕事に向いている性格や特技など

❹ その仕事に就くために必要な資格や学歴など

❺ その仕事に就く人の仕事場などの、「現場」

❻ あまり知られていない、意外な仕事内容

❼ その仕事が、今後どうなるか将来性をしめす「これから」

❽ 1日の勤務時間や休日、関連する仕事などの「仕事」データ

※❺〜❽は、2ページで紹介している仕事のみ掲載しています。

お仕事マップ

世の中にあるたくさんの仕事。おたがいに少しずつ関わりながら、わたしたちの生活を支えています。この本で紹介《しょうかい》している仕事を、見わたしてみましょう。

美容師
➡24ページ

美容・ファッション

ネイリスト
➡26ページ

アパレルショップ店員
➡23ページ

ファッションデザイナー
➡18ページ

すまい・インテリア

インテリアデザイナー
➡28ページ

大工
➡30ページ

建築士
➡30ページ

健康・医療

医師
➡82ページ

理学療法《りょうほう》士
➡92ページ

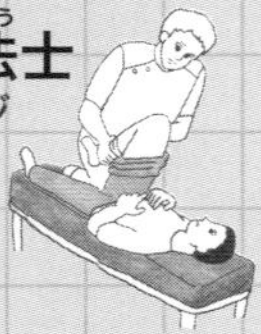

福祉

児童福祉《ふくし》司
➡100ページ

ケースワーカー
➡100ページ

介護福祉《かいごふくし》士
➡96ページ

生活相談員
➡99ページ

自然

宇宙飛行士
➡138ページ

獣医師《じゅういし》
➡114ページ

トリマー
➡116ページ

グリーンコーディネーター
➡127ページ

生花店ではたらく
➡53ページ

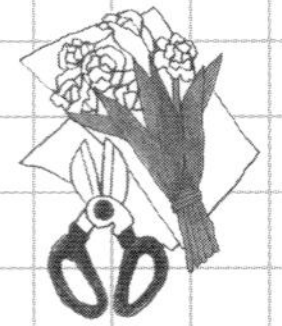

くらし

役所ではたらく
➡80ページ

水道局ではたらく
➡55ページ

書店員
➡52ページ

物流・運輸

郵便配達にたずさわる
➡54ページ

バスドライバー
➡164ページ

キャビンアテンダント
➡46ページ

警察官
➡66ページ

安全

海上保安官
➡71ページ

技術

溶接《ようせつ》工
➡153ページ

裁判官
➡73ページ

文化・スポーツ

プロレスラー
➡183ページ

プロ野球選手
➡178ページ

将棋棋士《しょうぎきし》
➡173ページ

歌舞伎《かぶき》役者
➡167ページ

芸能

俳優
➡237ページ

お笑い芸人
➡232ページ

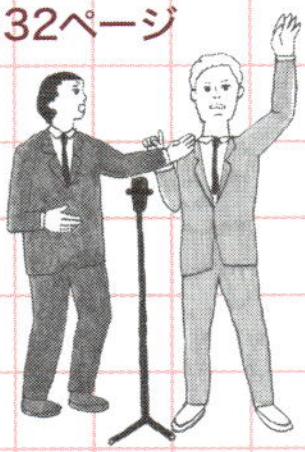

表現

小説家
➡206ページ

漫画《まんが》家
➡198ページ

マスコミ

ジャーナリスト
➡217ページ

編集者
➡212ページ

新聞記者
➡216ページ

広告代理店ではたらく
➡219ページ

娯楽

ゲームクリエーター
➡200ページ

映画監督《かんとく》
➡228ページ

アニメーター
➡196ページ

サービス

ホテルではたらく
➡49ページ

ウエディングプランナー
➡44ページ

飲食店オーナー
➡36ページ

飲食

フードコーディネーター
➡34ページ

和菓子《わがし》職人
➡42ページ

ショコラティエ
➡41ページ

料理人
➡38ページ

杜氏《とうじ》
➡43ページ

教育

大学教授
➡106ページ

小学校教諭《きょうゆ》
➡102ページ

フリースクール講師
➡109ページ

特別支援《しえん》学校教諭《きょうゆ》
➡108ページ

学芸員
➡110ページ

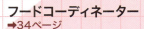

10代のための仕事図鑑　もくじ

8 乗り物や機械で世の中を便利にする仕事

お仕事Q《キュー》&《アンド》A《エー》

仕事について、みなさんが疑問に感じていること、不思議に思っていることを集めました。

Q 会社って何?

会社は、利益を得るために、人々が集まって仕事をする集団で、はたらいている人のほとんどは会社に所属しています。会社では、たとえば本をつくって売るなど、基本的にはひとつの仕事を手がけていて、さまざまな部署が役割分担をして仕事にあたります。お金を管理する「経理部」、商品を売りこむ「営業部」、商品を企画《きかく》する「企画部」、社員の採用や昇《しょう》進《しん》などを決める「人事部」などがあり、左の図のように社長を中心に、組織がつくられています。

社長

- **経理部** お金を管理する
- **総務部** 会社をまとめる
- **人事部** 採用や昇進を決める
- **営業部** 商品を売り込む
- **企画部** 商品を企画する
- **生産部** 商品を生産する
- **広報部** 商品を宣伝する

Q 株式会社って何?

株券を発行して、その株券を投資家などに買ってもらうことによって、資金を集めて事業をおこなうのが、株式会社です。株券を発行せずに運営する「有限会社」もありますが、今では新しく有限会社をつくることはできません。

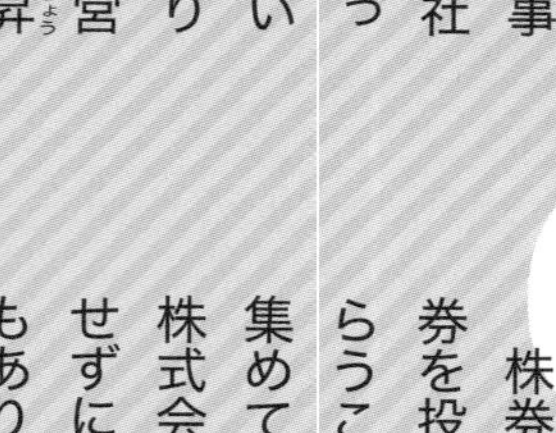

株券を買ってくれた人のことを「株主」といい、経営をする人を「取締役《とりしまりやく》」とよびます。会社の重要なことは、株主を招いておこなわれる「株主総会」という会議で決定します。株主に損をさせず、会社ではたらく従業員にしっかりと給料をはらうため、株式会社は、さまざまなものを生みだしたり、サービスを提供したりしています。

公務員って何？

国や地方、市区町村の役所や、施設《しせつ》ではたらく人が公務員です。役所ではたらく（→80ページ）人はもちろん、消防士や自衛官、裁判官、入国審査《しんさ》官なども公務員です。公務員の給料は、国民のはらう税金でまかなわれています。ふつうの会社と異なり、倒産《とうさん》する心配はなく、安定しているため、志望する人が多いのです。

フリーランスって何？

会社に所属しないはたらき方が、フリーランスです。受ける仕事や報酬《ほうしゅう》など、自由に決められます。会社では、仕事に必要なものは会社が用意しますが、フリーランスでは必要なものは全て自分でそろえます。また、所得税というはたらく人が必ず納める税金も、自分で書類を用意するなどして、納めます。

はたらく時間や、休みに決まりはある？

仕事に関する法律に「労働基準法」というものがあります。はたらける時間は基本的には1日に8時間まで、休日は週に一度、もしくは4週間で4日以上、と決まっています。はたらく時間や休みのとり方は仕事や会社によってさまざまですが、健康でやりがいをもってはたらきつづけるために、この決まりを守ることが大切です。

はたらき方にもいろいろな種類があるの？

多くの場合、勤務時間が「午前9時から午後5時」などと決まっている固定時間制度ですが、会社や仕事内容によっては、フレックスタイム制や裁量労働制というはたらき方をしています。フレックスタイム制は、月にはたらく合計時間を守れば、労働者が出勤や退社の時間を自由に決めることができます。裁量労働制は、決められた仕事をすれば、労働者が好きな時間に出退勤できる制度です。

Q 仕事を体験してみたい！

学校での職業体験学習などのほかに、職業体験施設《しせつ》というものがあります。楽しみながら仕事を体験できる、テーマパークのようなところです。高校生は、アルバイトができます。校則で認められ、保護者も許可してくれる場合は、アルバイトをしてみると、はたらくということが少しわかるかもしれませんね。大学生になれば、会社の一員として仕事を体験できる「インターンシップ」に応募《おうぼ》できます。

Q やりたい仕事って どうやってみつけるの？

中学生や高校生になると「進路」という言葉をよく聞くようになるでしょう。進路とは、将来すすんでいく道のことです。人によっては、「私は将来、絶対に先生になる！」「お父さんと同じ、建築士になりたい！」などと、夢が決まっている人もいるでしょう。でも、決まっていても、本当になれるのか不安な気もちの人もいるかもしれません。もしかしたら、自分が将来何になるのか、まったく予想もできない人もいるかもしれません。

進路を決めるのは、とても難しいことですが、それを決める手がかりは、自分のなかにあります。自分のことをじっくりと観察してみて、得意なことや苦手なこと、時間をわすれるほど熱中してしまうこと、やってみたら人にほめられたことなどを研究してみましょう。なりたい仕事をきっちりと決めてしまわなくても、自分に合った方向がわかれば、すすむ道は、きっと見えてきますね。

進路は、ひとつではありません。たくさんある道のなかから、自分に合った道を選んで、すすんでいけるといいですね。

適職診断

君にぴったりな仕事を探そう！

どんな仕事が自分にむいているか、まだわからない……そんな人は、このチャート診断《しんだん》で、自分のタイプをチェック。君に合った、おすすめの章を紹介《しょうかい》します。

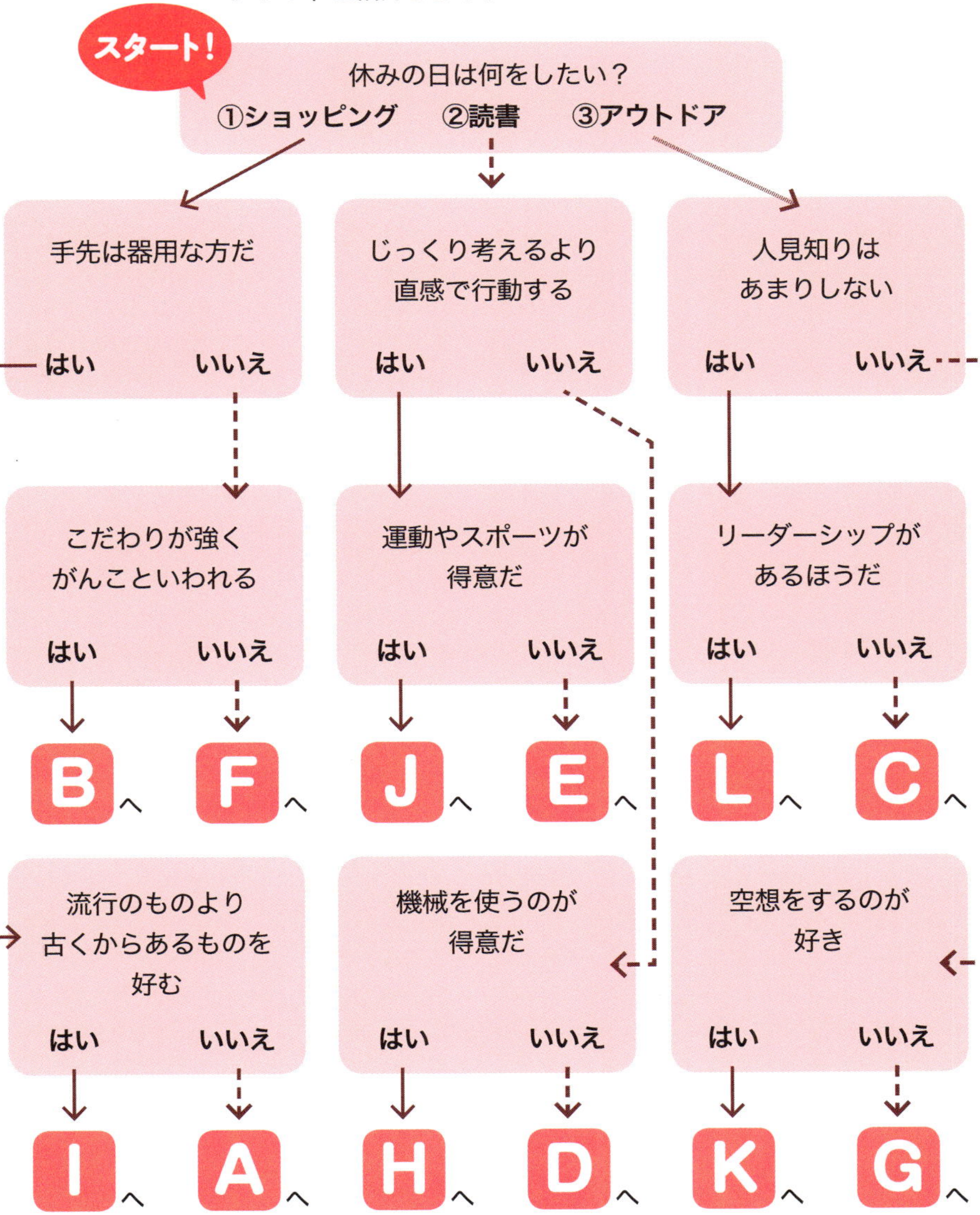

診断結果は次のページへ

A　1章「人を美しく豊かにする仕事」がおすすめ

流行に敏感《びんかん》で、細かな作業が得意な君。人一倍身だしなみに気をつかって、美を追求し、くらしにうるおいをあたえる仕事が向いているかもしれない。美容やインテリア関係の職業を見てみよう。

→17ページへ

B　2章「食やサービスでもてなす仕事」がおすすめ

とことんこだわり、信じた道を突《つ》きすすむ君。おいしい料理をつくるために全力を注いだり、理想のサービスを提供したりするためには、ぴったりの信念のもち主だ。飲食やサービスの仕事を見てみよう。

→33ページへ

C　3章「身近なくらしを支える仕事」がおすすめ

人との関わりを大切にして、調和を求める、好奇心旺盛《おうせい》な君。自分の身近なところから興味のあることを見つけて、それを深めていくタイプかもしれない。くらしを支える仕事を見てみよう。

→51ページへ

D　4章「安全な世の中を守る仕事」がおすすめ

知識と体力のバランスがとれていて、ものごとを深く考える君。何かが起きたとき、一度立ちどまって考えをめぐらせ、だれかを助ける、そんな仕事に適性があるかもしれない。4章を見てみよう。

→65ページへ

E　5章「人の健康と生活を守る仕事」がおすすめ

すぐれた直観力と、それを実行にうつす行動力のある君。さまざまなことを学びたいという好奇心《こうきしん》もある。知識を生かして、人々を助ける、5章の医療《いりょう》や福祉《ふくし》の仕事が合っているかもしれない。

→81ページへ

F　6章「人を教え育てる仕事」がおすすめ

世の中の流れを理解して、ものごとの全体を見極《みきわ》める君。さまざまなことに対応する、柔軟《じゅうなん》性のもち主でもあるだろう。人の将来を見通して教え導く、教育の仕事が合っているかもしれない。

→101ページへ

G　7章「生き物や自然と関わる仕事」がおすすめ

おおぜいの人とわいわいと過ごすのは少し苦手だけれど、現実的な視点をもち、ひとりでコツコツと作業をこなすのが好きな君。生き物や自然と向きあう仕事には、君にぴったりの仕事があるかも。

→113ページへ

H　8章「乗り物や機械で世の中を便利にする仕事」がおすすめ

じっくりと深く考えるのが得意で、新しい機械を使いこなせる君。しくみや構造を理解して、新しい機械をつくったり、乗り物を操作したりする仕事に興味のあるものがかくれているかもしれない。

→145ページへ

I　9章「技《わざ》を極《きわ》めて伝統を受け継《つ》ぐ仕事」がおすすめ

流行に目を向けながらも、古くからの文化に強い興味をもつ君。手先も器用で、ひとつの技を極める職人気質のもち主だ。伝統文化を受け継《つ》ぐ仕事に、やりがいと興味を見出せるかもしれない。

→165ページへ

J　10章「スポーツで人々を楽しませる仕事」がおすすめ

身体能力が高い、いわゆる運動神経のいい君。加えて、戦略を練る知力や勝負運もそなわっている。得意なスポーツがあれば、スポーツ選手として活躍《かつやく》することも、夢ではないかもしれない。

→177ページへ

K　11章「表現を追求して人々に伝える仕事」がおすすめ

独特な世界観をもち、いつも想像力をはたらかせている君。なにかをつくったり、とことん調べぬいたりする、そんな仕事で、きらりと光る才能を発揮できるかもしれない。11章を見てみよう。

→193ページへ

L　12章「映画・音楽・舞台《ぶたい》をつくりあげる仕事」がおすすめ

場の空気を和やかにする協調性と、そのなかで主導権をにぎることのできる、カリスマ性をもっている君。自分の思いをたくさんの人に伝える、映画や音楽の仕事が向いているかもしれない。

→225ページへ

1章

人を美しく豊かにする仕事

季節ごとに流行を発信する

ファッションデザイナー

洋服やファッション小物のデザインをして、季節に合わせた新しい流行を生みだす仕事だ。ブランドのもつコンセプトに合わせながらも、自分のイメージを大切にして、服のデザイン画を描《か》きおこす。色の組み合わせを考え、どんな素材がいいか提案をすることもある。独自の表現力と、流行を先がけるセンス、色彩《しきさい》や生地《きじ》に関する知識が求められる。

ファッションデザイナーの多くが、既製《きせい》服の製造と販売《はんばい》をするアパレル企業《きぎょう》に所属してはたらく「企業内デザイナー」だが、自らブランドを立ちあげて活躍《かつやく》する「オートクチュールデザイナー」もいる。

こんな君にぴったり　おしゃれが好き、絵を描くのが得意、流行に敏感《びんかん》

ファッションデザイナーになるまで

服飾《ふくしょく》系の専門学校や芸術系の大学で、デザイン画の描き方や縫《ほう》製《せい》の技術を学ぶ。アパレル企業で企業内デザイナーとして経験を積んだり、デザインのコンクールに応募《おうぼ》したりして腕《うで》をみがき、ブランドを立ちあげる人もいる。

大学（芸術）　専門学校（服飾）

↓

アパレルメーカーに就職

↓

ファッションデザイナー

ファッションデザイナーの現場

アトリエ

専用の作業場のことをアトリエといい、仕事に必要な道具や参考資料などがそろっていて、集中して仕事ができる。オートクチュールデザイナーの多くは、アトリエをもつ。

生地メーカー

服に使う生地は、テキスタイルデザイナー（→20ページ）が手がけることもあるが、小さなブランドではデザイナーが生地メーカーに行って、直接買いつけることもある。

これもファッションデザイナーの仕事

ショーの演出

世界的に有名なブランドでは、新作発表のショー(コレクション）を開催《かいさい》する。デザイナーは演出家に、デザインのコンセプトなどを説明することもある。

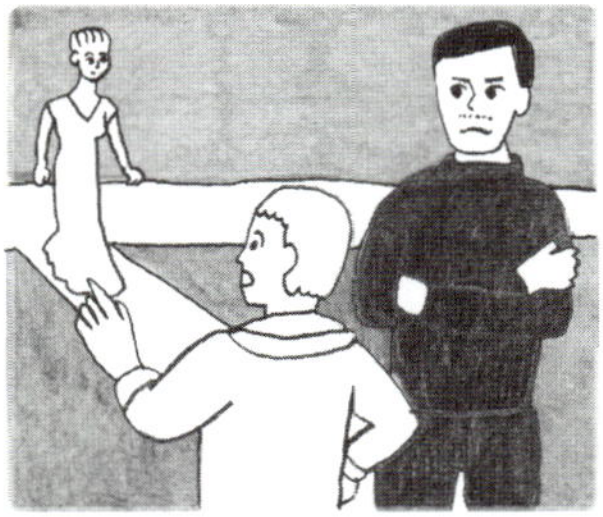

ファッションデザイナーのこれから

ファストファッションが広がる

最近では、海外の工場で縫製をして大量に生産する、安くて手軽なファストファッションが、世界中で人気だ。

今後は、ファストファッションの波にうもれない、個性あふれるデザインを考える独創性、それを形にするために、さまざまな国の人とコミュニケーションをとって服をつくりあげる情熱が、求められるだろう。

仕事データ

■1日の勤務時間

季節ごとに新作を発表するため、しめ切りがある。しめ切り前には長時間労働となることも。

■休日

アパレルメーカーに所属するデザイナーは、土日が休みになっていることもある。

■関連する仕事

テキスタイルデザイナー、パタンナー(→20ページ)

模様や素材を考え、生地《きじ》をデザインする

テキスタイルデザイナー

テキスタイル（生地）の素材、織り方、染め方を考えて、色や柄《がら》をデザインする、生地専門のデザイナーだ。繊維《せんい》メーカーやアパレルメーカーに勤務し、オリジナルの生地をデザインしたり、ファッションデザイナーの描《か》いたデザイン画をもとに、生地をつくったりする。素材や染織《せんしょく》などについての知識が求められる。また、洋服の生地のほかに、カーテンなどの生地づくりにたずさわることもある。

テキスタイルデザイナーになるまで

服飾《ふくしょく》系の専門学校や芸術系の大学で、テキスタイルについて学んで、繊維メーカーやアパレルメーカーに就職する。

こんな君にぴったり 素材にこだわりがある、おしゃれが好き

デザイナーのイメージを立体的な形にする

パタンナー

ファッションデザイナーが描《か》いた平面的なデザイン画をもとに、立体的な服の型紙をつくる。デザイナーからデザインの意図を聞き、仕上がったときのシルエットや、着心地を考えて、型紙をつくる。最近では、コンピューターのソフトを使って型紙をつくることも増えている。

また、工場で生産するときに、どんな順番でぬいあわせるかをしめした指示書をつくることもある。

パタンナーになるまで

服飾《ふくしょく》系の専門学校などで学び、アパレルメーカーに就職する。パターンメーキング技術検定などに合格するとよい。

こんな君にぴったり ぬい物が得意、人の考えをくみとれる

コーディネートで魅力《みりょく》を引きだす

スタイリスト

テレビや映画、雑誌などの撮影《さつえい》のときに、俳優やモデルの服装をコーディネートするのが、スタイリストだ。番組や映画、記事の制作スタッフと打ち合わせをして、どんなスタイリングを希望しているかを聞き、俳優やモデルに合う服を手配して、コーディネートを考える。

本番では、照明やカメラの位置を考えて、臨機応変に組み合わせを変えることもある。

スタイリストになるまで

専門学校などでファッションについて学び、スタイリストの事務所などに就職して、アシスタントとして経験を積む。

こんな君にぴったり おしゃれが好き、着回しを考えるのが好き

身につける人の美しさを演出する

アクセサリーデザイナー

指輪やネックレス、ピアスなどのアクセサリーをデザインする。ファッションデザイナー（→18ページ）と同じように、企業《きぎょう》に所属するデザイナーと、自分でブランドをもつデザイナーがいる。宝石や貴金属の種類、加工方法の知識が必要だ。

アクセサリーのサンプルは、デザイナーがつくることもあるが、デザイナーのデザイン画をもとに、クラフトマンとよばれる製造の技術者がつくることもある。

アクセサリーデザイナーになるまで

服飾《ふくしょく》系の専門学校や、美術系の大学で学び、ジュエリーブランドやデザイン事務所に就職する。

こんな君にぴったり 手先が器用、宝石や彫金《ちょうきん》に興味がある

ブランドの魅力《みりょく》を伝える

ファッションプレス

ファッションブランドの商品やブランドのイメージを、より多くの人に知ってもらうために、ＰＲ《ピーアール》する仕事。雑誌やテレビなどのマスコミ関係者やスタイリストと連絡《れんらく》をとり、撮影《さつえい》用に商品を貸しだすリース業務、新作商品のカタログ制作、展示会の企画《きかく》などをおこなう。ＳＮＳ《エスエヌエス》を更新《こうしん》して、告知をするのも、プレスの仕事。ブランドや商品に関する知識と、さまざまな人と交渉《こうしょう》するコミュニケーション能力が求められる。

また、プレスのなかには、ファッション雑誌のスナップに掲載《けいさい》されるなど、そのブランドの広告塔《とう》となる人もいる。

こんな君にぴったり

人と話すのが好き、おしゃれが好き、好きなブランドがある

ファッションプレスになるまで

大学や専門学校でマーケティングやファッションについて学び、アパレルメーカーに就職する。

営業などの別の部門で経験を積んだり、アシスタントとしてスキルを身につけたりした後、適性が認められれば、プレスとなる。

大学（経営など）　専門学校（服飾《ふくしょく》）

↓

アパレルメーカーに就職

↓

ファッションプレス

1着の服ができるまで

洋服づくりは、**ファッションデザイナー**（→18ページ）や商品のプロデュースをする**マーチャンダイザー**などが集まる企画《きかく》会議からはじまる。流行しそうなものや、売れそうなデザインについて話し合い、どんな洋服をつくるのか、まずはコンセプトを決めるのだ。このコンセプトをもとに、デザイナーが洋服のデザイン画を描《か》いていく。

デザイン画ができあがると、**テキスタイルデザイナー**（→20ページ）が生地《きじ》を、**パタンナー**（→20ページ）が型紙をつくりはじめる。パタンナーは、平面のデザイン画を立体的な洋服にするために型紙をつくる。その型紙をもとに、**縫製《ほうせい》技術者**がサンプルをつくる。デザイナーがサンプルを確認《かくにん》し、問題がなければ、商品として売りだすことが決まり、生産や宣伝がはじまる。

生産は、**アパレルメーカーの生産管理**の担当者がとりまとめる。予算内で服ができるように縫製《ほうせい》工場や裁断工場と交渉をして、スケジュールを管理する。生産がすすむ間には、**ファッションプレス**（→22ページ）が宣伝活動をおこなう。こうして完成した服が、アパレルショップの店頭に並んで、**アパレルショップ店員**がお客さんに魅力《みりょく》を伝えながら、販売していく。

髪形《かみがた》を整えて個性を引きだす

美容師

シャンプーやカット、パーマ、カラーリングなどをおこなって、お客さんの好みや流行に合ったヘアスタイルをつくりあげる。基本的な技術はもちろんのこと、お客さんの希望を聞きだし、適度な会話で施術《せじゅつ》中に、快適に過ごしてもらうためには、コミュニケーション能力も必要だ。

また、雑誌などで最新のスタイルを勉強することも欠かせない。就職して数年のうちは、アシスタントとして雑用をこなし、閉店後にはカット用マネキンで練習をするなど、経験を積む。技術を認められると、ようやくお客さんのカットを担当できるようになる。

こんな君にぴったり

流行の髪形にはいつも挑戦《ちょうせん》する、手先が器用

美容師になるまで

まず専門学校で美容に関する知識や技術を学び、年に2回おこなわれる国家試験に合格して、美容師免許《めんきょ》を得る必要がある。

合格後、美容室に就職し、現場ではたらきながら、さらに高い技術やセンスを身につける。しっかりと経験を積み、独立して自分の美容室を開く美容師もいる。

専門学校（美容）
↓
美容師国家資格取得
↓
美容師

ヘアメイクとお化粧《けしょう》で美しさを演出

ヘアメイクアップアーティスト

ヘアスタイルを整えるヘアセットと、化粧をほどこすメイクアップ、両方を合わせてヘアメイクという。結婚《けっこん》式場や写真スタジオでお客さんの要望に応えてヘアメイクをしたり、テレビ番組や映画の撮影《さつえい》現場で俳優のヘアメイクを手がけたりするのが仕事だ。

写真スタジオでは写真に映《は》えるヘアメイク、撮影現場では衣装《いしょう》や照明に合わせたヘアメイク、さらには映画の撮影のための特殊《とくしゅ》メイクなど、その分野ならではの知識や技術も求められる。その人の特徴《とくちょう》やイメージに合わせて、美しさや個性を引きだしていく。

こんな君にぴったり

メイクやヘアスタイルにこだわりがある

ヘアメイクアップアーティストになるまで

専門学校などで知識と技術をみがき、卒業後にヘアメイク事務所や結婚式場などに就職する。美容師からヘアメイクアップアーティストに転職する人や、学校に通わずにアシスタントとして修業を積む人もいる。じゅうぶんな経験を積んで、独立してフリーランスとして活躍《かつやく》する人も多い。

専門学校（美容）
↓
ヘアメイク事務所に就職
↓
ヘアメイクアップアーティスト

指先を美しく仕上げる

ネイリスト

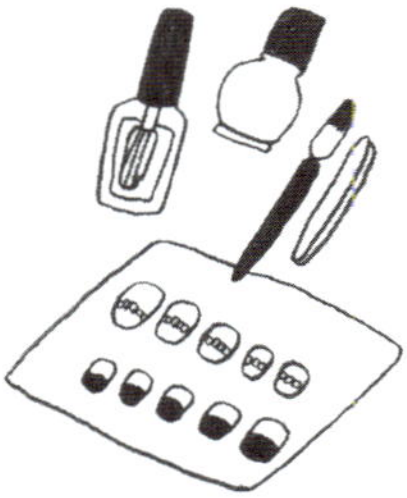

きれいなデザインをほどこすネイルアート、爪《つめ》をみがいて形を整えるネイルケアなど、お客さんの要望にそって、さまざまな手入れをして、手元を美しく演出する。いたんだ爪を修復したり、お客さんにハンドマッサージなどのサービスをしたりすることもある。

ネイルの技術をつねに勉強する努力や、細かい作業を長時間おこなう根気、手先の器用さが求められる。

ネイリストになるまで

専門学校などで技術を身につける。ネイリスト技能検定を取得すると、一定の技術が証明され、就職しやすい。

こんな君にぴったり

手先が器用、マニキュアを集めている

マッサージでお客さんの全身を美しく

エステティシャン

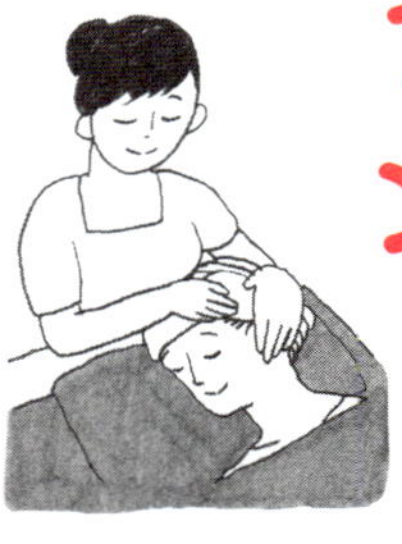

お客さんの悩《なや》みや要望に合わせて、美しい肌《はだ》にするためのボディケアや、肌《はだ》を美しく保つスキンケア、マッサージ、脱《だつ》毛《もう》などをおこなって、全身を美しくする。お客さんとコミュニケーションをとって、リラックスしてもらったり、幸せな時間を過ごしてもらったりするのも大切な仕事だ。

最近では、メンズエステなどの男性向けサービスも登場しているため、男性のエステティシャンも増えている。

エステティシャンになるまで

専門学校で技術を身につけて就職するか、就職してから現場で技術を身につけてステップアップしていく。

こんな君にぴったり

人の悩みを聞くのが得意

その人に合ったメイク方法をアドバイスする

ビューティーアドバイザー

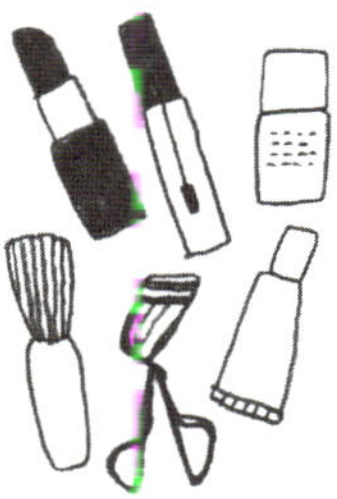

お客さんに、メイクやスキンケアについて説明したり、実際に化粧《けしょう》品を使ってメイクをほどこしたりして、化粧品の販《はん》売《ばい》をする仕事。デパートの化粧品売り場や、ドラッグストアなどに勤めている。お客さんの顔立ちや肌《はだ》の質、好みから、最も合った化粧品をすすめる。

自分自身もその化粧品メーカーの商品を使って化粧をして、接客をするので、メーカーの顔ともいえる存在だ。

ビューティーアドバイザーになるまで

化粧品メーカーに就職する。専門学校を卒業していたり、メイクアップの検定などをもっていたりすると就職しやすい。

こんな君にぴったり メイクに興味がある、人と話すのが好き

科学の力で美を追求する

化粧品開発にたずさわる

さまざまな成分を調合して、肌《はだ》や顔立ちを美しく見せるための化粧《けしょう》品をつくりだす仕事。化学や生物分野の高度な専門知識が求められる。開発した化粧品の臨床《りんしょう》試験をおこなって、効果や安全性を確認《かくにん》することも大切だ。

最近はさまざまなケアをおこなう化粧品が登場し、男性化粧品に対する関心なども高まっている。つねに消費者の動向を探《さぐ》りながら開発をする必要がある。

化粧品開発にたずさわるまで

大学の化学や生物、専門学校の化粧品開発関係の学部・学科で学んだ後、化粧品メーカーに就職する。

こんな君にぴったり メイクに興味がある、理科の実験が好き

空間のトータルコーディネートを担う

インテリアデザイナー

室内をデザイン、設計し、依頼《いらい》主が望む空間をつくりあげる仕事だ。依頼主は、新しく住宅を建てる人や、オフィスを設立する企業《きぎょう》など、さまざま。依頼主の希望をよく聞いて、その空間のコンセプトをつくり、イメージ図や設計図を描《か》く。照明、家具などは、基本的には既製品《きせいひん》を手配するが、必要に応じてデザインすることもある。

建築に関する知識、色や質感、形を組み合わせて心地よい空間をつくるデザインセンスはもちろんのこと、建築士などと打ち合わせを重ね、依頼主の希望を形にしていくコミュニケーション能力も求められる。

こんな君にぴったり

部屋の模様がえが得意、家具やインテリアが好き

インテリアデザイナーになるまで

大学や専門学校で、デザインや建築の知識を身につける。デザイン事務所や建築事務所、住宅メーカーなどに就職して経験を積む。実力があればフリーで仕事をしたり、自分の事務所を開くこともできる。

大学（建築・美術・生活科学）／専門学校（デザイン）
↓
インテリアデザイン事務所などに就職
↓
インテリアデザイナー

インテリアデザイナーの現場

工事現場

工事が内装の段階にすすんだら、工事の現場に入って指示を出す。作業をチェックし、色や形、できばえ、家具などの使い勝手を確認《かくにん》して仕上げる。

ショールーム

家具や照明、システムキッチンなどを、既製《きせい》のものから選ぶ場合に訪《おとず》れる。ショップやショールームを歩きまわり、イメージに合うものを探す。

これもインテリアデザイナーの仕事

航空機や自動車、船舶《せんぱく》の内装

乗り物の内装を手がけることもある。

限られた空間を広く見せ、運転操作をしやすくしたり、利用者がくつろげる空間をつくりだしたりするアイデアが求められる。

インテリアデザイナーのこれから

バリアフリーやリフォームの仕事も増える

最近では、オフィスや学校などもインテリアを重視する傾向《けいこう》があり、活動の場は広がっている。

また、年々高齢《こうれい》化がすすむなかで、バリアフリーも大きなテーマだ。住宅を快適に改修するリフォームや、古い建物を生かしつつ、新しい価値を加えるリノベーションの仕事も多く、空間を生まれ変わらせるセンスも大切になる。

仕事データ

■1日の勤務時間

工事を完成させ、依頼主に引きわたす日は決まっているので、引きわたし前は長時間はたらくことも多い。

■休日

事務所や会社は、土日が休みのこともあるが、現場で工事がおこなわれていれば、立ち会うこともある。

■関連する仕事

建築士（→30ページ）、大工（→30ページ）

建物をデザイン、設計し、形にする

建築士

建物の目的や規模に合わせ、設計する仕事。建築基準法にしたがって、デザインや構造、災害時の安全性を考え、設計図を描《か》いて、模型をつくる。予算に合わせて職人などを手配し、工事がはじまると、予定通り進行しているか監督《かんとく》もする。関わる人が多く、長期にわたる仕事なので、全体を見て判断する能力や、先を読む力が必要。大きな建物は、チームを組んで担当する。

建築士になるまで

大学や専門学校で建築を学び、建築会社や設計事務所に就職する。経験を積み、建築士の試験に合格して資格を得る。

こんな君にぴったり 思いを形にするのが得意、模型をつくるのが好き

頑丈《がんじょう》な建物づくりを支える

大工

大工には、木造の建築物をつくる「木造大工」と、鉄筋や鉄骨の建築物をつくる「型枠《かたわく》大工」がいる。木造大工は、材料になる木材を選び、建物の骨組みや屋根、床《ゆか》、壁《かべ》などの下地になる部分をつくる。型枠大工は、建築現場で柱や壁の型枠をつくり、コンクリートを流しこんで、建物の基礎《きそ》をつくる。いずれも、みがきぬかれた技術で、安全でじょうぶな建物をつくる。そのほか、船をつくる船大工《ふなだいく》などもいる。

大工になるまで

建築関係の学校や職業訓練校で学んで、工務店や住宅メーカーに就職するか、大工の親方に弟子入りして修業する。

こんな君にぴったり コツコツと努力できる、ものづくりが好き

1軒《けん》の家ができるまで

家づくりは、依頼主と**建築士**（→30ページ）の打ち合わせからはじまる。建築士は、依頼主の希望や家族構成、生活パターンなどをじゅうぶんに聞き、イメージ画や図面を描《か》いて、間取りや家の構造を提案する。内装については**インテリアデザイナー**（→28ページ）にたのむこともあれば、建築士が設計して、素材や色の組み合わせなどを**インテリアコーディネーター**や、**カラーコーディネーター**（→32ページ）に依頼することもある。さらに、家具や照明器具などは、**家具デザイナー**に依頼して、オリジナルのものをつくる場合もある。

木造建築では、工事は**大工**（→30ページ）が中心になっておこなう。大工の親方が、壁《かべ》を塗《ぬ》る**左官《さかん》職人**や、**屋根《やね》ふき工**、**畳《たたみ》職人**、**電気の配線工**や**水道の配管工**などの職人を手配して、工事をすすめていく。

また、工務店が工事をとりしきることもある。その場合は、**工務店スタッフ**が、職人を手配し、工事の管理をする**現場監督《かんとく》**をおくこともある。

建築士やインテリアデザイナーは現場と連絡《れんらく》をとりあって工事の状況《じょうきょう》を確認《かくにん》し、ときには、細かな部分の設計の変更《へんこう》を指示しながら、家を完成させる。

あらゆる分野で活躍《かつやく》する色のスペシャリスト

カラーコーディネーター

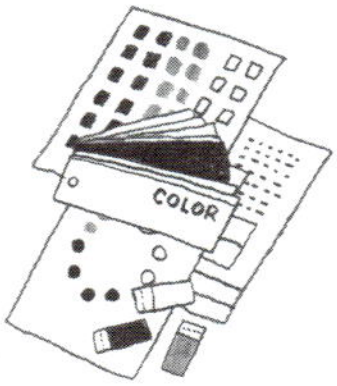

色のもつ効果を生かした、配色を提案する。ファッション業界では、デザイナーとして流行の色を調査し、新製品の色の組み合わせを提案することが多い。

そのほかに、インテリアの色づかいや、商品のパッケージの色、都市計画の色彩環境《しきさいかんきょう》、個人に似合う色のアドバイスなど、活躍の場はさまざま。どんな分野でも、目的に合った色の活用と、センスが求められる。

カラーコーディネーターになるまで

美術系の学校で色彩について学び、メーカーやデザイン会社などに就職する。色彩検定などの資格を取得すると有利。

こんな君にぴったり 色の組み合わせにこだわりがある

心安らぐ時間を演出

雑貨店ではたらく

ショップスタッフとして、接客、レジ、ラッピングなどの作業をする。店内でゆっくり楽しめる雰囲気《ふんいき》づくりと、商品についての知識が求められる。私服での勤務なら、店に合った服装選びもポイント。

商品のディスプレイや、ポップ広告の制作、仕入れなどに関わる場合は、雑貨を見る目や、人気の出そうなものを選べるセンスも必要になる。

雑貨店ではたらくまで

個人経営の店の場合、アルバイトからはじめる人も多い。大型チェーンなどでは定期的な採用がおこなわれることも。

こんな君にぴったり 雑貨が好き、物の配置を考えるのが得意

2章

食やサービスでもてなす仕事

料理の大切さや楽しさを伝える

フードコーディネーター

料理や食に関する幅《はば》広い仕事を通して、人々の食事をより豊かにするのがフードコーディネーターの仕事だ。

レストランのプロデュース、食品メーカーでの新商品開発、テレビ番組や雑誌の撮影《さつえい》のための料理づくりなど、自身の得意分野や興味によって、手がける仕事はさまざまで、活躍《かつやく》の場を積極的に広げていく。料理のほかに、レストランで使う食器やインテリアのコーディネートをすることもある。料理の腕前《うでまえ》や食に関する知識に加えて、人を喜ばせたいという情熱が必要な仕事といえる。

こんな君にぴったり 料理が好き、調理をするときは盛りつけにもこだわる

フードコーディネーターになるまで

大学や専門学校で、料理や栄養に関する知識や技術を学んで、食品会社や飲食店、フードコーディネーター事務所などに就職する。

認定資格を取得すると就職しやすいが、資格をとらずにアシスタントとして経験を積む人もいる。

大学（栄養）　専門学校（調理）

↓

フードコーディネーター事務所などに就職

↓

フードコーディネーター

フードコーディネーターの現場

撮影《さつえい》現場

テレビ番組や雑誌、映画などの撮影現場では、料理をつくるだけでなく、盛りつけやセッティングなど、料理がよりおいしく見えるようにさまざまな工夫をこらす。

食品メーカー

食品メーカーで商品開発をするときは、商品開発技術者との打ち合わせが欠かせない。季節や流行、開発のコンセプトなどに合わせて、試作を重ね、新商品を開発する。

これもフードコーディネーターの仕事

食器などの開発

料理の経験を生かして、使いやすい食器や調理器具などのアイデアを出し、新しい商品の開発を提案するフードコーディネーターもいる。

フードコーディネーターのこれから

食の多様化がすすむ

さまざまな国の料理が手軽に食べられるようになり、次つぎと新メニューが開発されるなど、食の多様化がすすんでいる一方で、食育や生活習慣病の予防といった健康志向が高まっているのが、食をとりまく現状だ。

管理栄養士（→91ページ）の資格も取得するなどして、人々のさまざまなニーズに応えるための知識も必要とされるだろう。

仕事データ

■1日の勤務時間

どんな仕事を手がけるかによって異なる。レストランのオープン前などは、残業が続くこともある。

■休日

会社に勤める場合は、基本的に週休2日制。フリーランスではたらく場合は決まった休日がないことも。

■関連する仕事

飲食店オーナー（→36ページ）、管理栄養士（→91ページ）

おいしい料理と心地よい空間を提供する

飲食店オーナー

レストランやカフェなどの飲食店を経営する。店のコンセプトや内装などのインテリア、メニューなど、全てを決める、その店の責任者だ。小さな飲食店のオーナーは、材料の仕入れや仕込《しこ》みから、調理、接客、宣伝、従業員の指導、経理までおこなうことも。シェフの仕事も兼《か》ねる、オーナーシェフもいる。複数のチェーン店をもつ場合は、それぞれの職務を従業員に任せ、新しい店舗《てんぽ》を出すための準備や資金集めなどをする。

料理のおいしさを見極《みきわ》める確かな舌と、従業員を束ねる人望の厚さ、経営者としての決断力などが求められる。

こんな君にぴったり

料理が好き、判断力がある、リーダーシップがある

飲食店オーナーになるまで

飲食店ではたらき、調理や接客、経営まで、さまざまなことを身につける。料理の専門学校で学ぶ人や、大学で経営を学ぶ人もいる。

開業には、食品衛生責任者や防災管理者の資格が必須《ひっす》。開店資金を集めることも重要だ。

大学（経営）　専門学校（調理）

↓

飲食店で経験を積み、開業

↓

食品衛生責任者と防災管理者資格取得

↓

飲食店オーナー

カフェがオープンするまで

カフェを開業するにはまず、どんな雰囲《ふんい》気《き》でどんなお客さんを対象にするのかなど、コンセプトを決める。**飲食店オーナー**（↓36ページ）が自分のこだわりや消費者のニーズを考え、**フードコーディネーター**（↓34ページ）と話し合って決める。コンセプトが決まると、**銀行員**（↓62ページ）から融資《ゆうし》を受けるなどして集めた開業資金で店《てん》舗《ぽ》を借りる。**インテリアデザイナー**（↓28ページ）に内装を依頼《いらい》する場合は、オーナーがイメージをしっかりと伝え、家具や食器なども選んでもらうことがある。

店舗の準備をすすめる一方で、オーナーは従業員を集めて指導する。もし本格的なコーヒーをお店の看板商品にするなら、おいしいコーヒーのいれ方を身につけた**バリスタ**を、料理にこだわるならば、腕《うで》のいい**料理人**（↓38ページ）などを、従業員として雇《やと》う。お客さんに心地よく過ごしてもらうためには、**カフェスタッフ**も重要だ。オーナーは、開店までに、料理人とメニューを開発したり、ゆきとどいた接客ができるようにスタッフを指導したりする。

開店がせまると、オーナーや従業員が、チラシ配りやSNS《エスエヌエス》などで宣伝をする。こうして、カフェはオープンをむかえるのだ。

料理人

食材を見極《みきわ》め、おいしい料理をつくる

レストランや料亭《りょうてい》、ホテルなどで料理をつくり、提供する。メニューの開発や、材料の仕入れ、仕込《しこ》みや調理、盛りつけまでを手がける。食材や料理についての知識や、調理の技術が求められる。

料理人のほとんどは、和食や洋食、中国料理など、専門分野や得意分野をもっていて、その分野の知識を深めていく。経験を積んで実力を認められれば、料理長やシェフといった、その店の味を決める責任ある立場になることもある。また、料理人として有名になると、独立して自分の店をもったり、テレビ出演をしたりすることもある。

こんな君にぴったり

料理が好き、食べものにこだわりがある

料理人になるまで

専門学校などで、料理について学ぶか、飲食店に就職して知識や技術を身につける。調理師免許《めんきょ》がなくてもはたらけるが、取得すれば実力が認められ、就職しやすい。専門学校では修了後に調理師免許が授与《じゅよ》される。2年以上飲食店で実務経験を積めば、試験を受けることもできる。

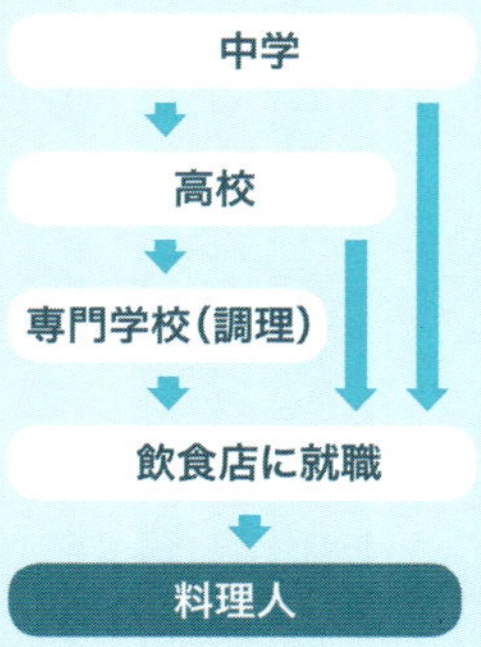

イタリア料理のおいしさを伝える

イタリアンシェフ

イタリア料理を提供する飲食店ではたらく料理人。イタリア料理は、日本ではとても人気で、高級なレストランから庶民《しょみん》的な食堂まで、料理人の活躍《かつやく》の場は広がっている。

食材の味を生かしてつくるのがイタリア料理の特徴《とくちょう》で、調理技術に加え、食材選びの目も問われる。

イタリアンシェフになるまで

調理の専門学校を卒業するか、飲食店に就職して学ぶ。本場の味を学ぶために、留学する人もいる。

高級感ある料理をつくる

フレンチシェフ

フランス料理を提供する飲食店で調理を担当する。フランス料理はかしこまった場で食べられることが多いため、ホテルや高級なレストランではたらくことが多い。

食材の味を引きだすおいしいソースがフランス料理の決め手。日々研究を重ねて、ソースづくりにはげむ。

フレンチシェフになるまで

イタリアンシェフと同様で、調理の専門学校、飲食店への就職、本場への留学などをして、学ぶ。

伝統の和食を極《きわ》める

板前

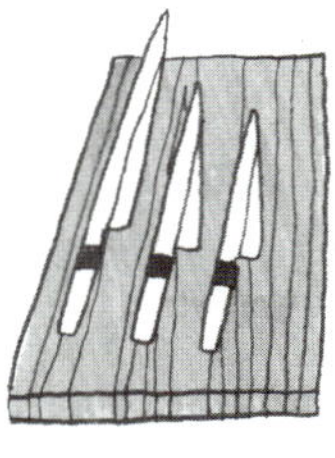

和食を提供する料亭《りょうてい》や日本料理店、旅館などではたらく。だしのとり方や、ていねいな下ごしらえなど、繊細《せんさい》な日本料理ならではの調理法や、四季おりおりの旬《しゅん》の食材などを学ぶ必要がある。

盛りつけのセンスや、器《うつわ》についての知識も求められ、一人前になるには10年かかるともいわれる、厳しい仕事だ。

板前になるまで

料亭などに就職し、「追い回し」というそうじなどをする雑用係からはじめ、腕《うで》をみがく。

甘い洋菓子《ようがし》でお客さんに幸せを届ける
パティシエ

　ケーキやクッキーなどの洋菓子を専門につくる菓子《かし》職人。小さな洋菓子店では、ひとりのパティシエがさまざまな菓子をつくるが、大きな洋菓子店では、分業して菓子をつくる。ホテルやレストランではたらく場合は、デザート係を務めることがほとんど。料理と合うデザートを考え、あめ細工やウエディングケーキをつくることもある。
　開店までに店に並べる菓子をつくるので、仕事は朝早くからはじまる。新商品を開発するときや、クリスマスやバレンタインなどの洋菓子が売れる時期は、夜遅《よるおそ》くまではたらくこともある。

こんな君にぴったり　甘いものが好き、細かい作業が得意

パティシエになるまで

　製菓《せいか》の専門学校で、基本的な技術を身につけてから就職したり、アルバイトや社員としてはたらきながら修業を積んだりする。製菓衛生師や菓子製造技能士などの国家資格がなくても、パティシエとしてはたらけるが、取得すれば、洋菓子づくりの技術が認められ、就職がしやすくなる。

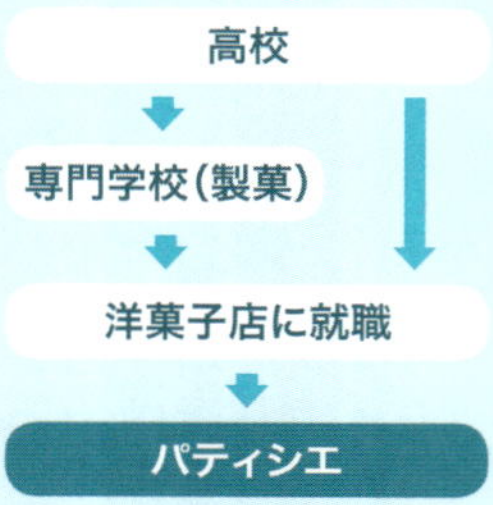

オリジナリティあふれるチョコを創作する

ショコラティエ

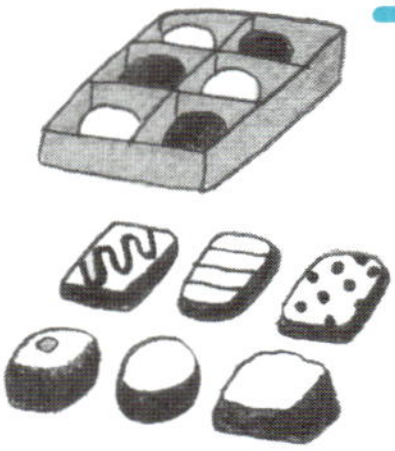

チョコレート菓子《がし》を専門につくる職人をショコラティエとよぶ。味や食感がよく、見た目にも美しい、オリジナリティあふれるチョコレート菓子を生みだす。温度の管理や材料の配合などには専門的な技術が求められる。また、見た目で楽しめるように、美しく仕上げるセンスも必要だ。
日本ではなじみのない仕事だったが、チョコレートを楽しむ文化が根づき、チョコレート専門店も増えてきている。

ショコラティエになるまで

製菓《せいか》の専門学校で学んだり、チョコレート専門店に就職したりして、技術を身につける。留学をして学ぶ人もいる。

こんな君にぴったり
チョコレートが好き、きちょうめん

おいしいパンで人々を笑顔《えがお》に

パン職人

パンづくりのスペシャリスト。パンは気温や湿度《しつど》によって、仕上がりが変わってしまう繊細《せんさい》な食品なので、毎日変わらずおいしいパンをつくるには、材料の配合や発酵《はっこう》などの知識を身につけるだけでなく、経験を重ねる必要もある。
また、食パンやフランスパンなど、定番のパンをつくるだけでなく、新商品の開発もおこなう。町のパン屋はもちろん、ホテルやパンメーカーの工場などでもはたらいている。

パン職人になるまで

製パンの専門学校に通ったり、パン屋に就職したりして、技術を学ぶ。パン製造技能士資格があると就職しやすい。

こんな君にぴったり
パンが好き、小さな変化によく気がつく

季節感あふれる和菓子《わがし》をつくる

和菓子職人

素材を生かした味わいや、季節感ある美しい見た目が特徴《とくちょう》の和菓子をつくる。和菓子に欠かせない餡《あん》づくりや、色のついた餡でつくる練《ね》りきり、だんごや大福などのなじみのある菓子《かし》まで、さまざまな和菓子のつくり方を身につけている。

最近は、洋菓子《ようがし》の製法や材料をとりいれた創作和菓子も次々と生まれている。これからの和菓子職人には、新しい和菓子をつくりだす創造性も大切になるだろう。

和菓子職人になるまで

製菓《せいか》の専門学校で学んでから和菓子店に就職するか、和菓子店に就職して、はたらきながら経験を積む。

こんな君にぴったり

和菓子が好き、細かい作業が得意

素材のよさを生かした、おいしい寿司《すし》をにぎる

寿司職人

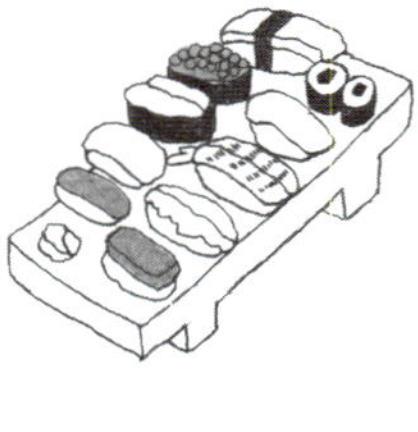

和食のうち、寿司を専門につくる。多くの寿司店では、カウンターに立って、お客さんと接しながら、手早くにぎる。にぎりの技術やセンスと、よい素材を見極《みきわ》める目が求められる。仕込《しこ》みなどの地道な作業をコツコツこなすことも重要だ。

近年、海外では寿司の人気が高まっている。そのため、外国人観光客にも対応できるように英語を学ぶ人、海外へ渡《わた》って寿司店を開業する人もいる。

寿司職人になるまで

寿司店に弟子入りし、下働きからはじめることがほとんど。一人前になるには、10年かかるともいわれる。

こんな君にぴったり

寿司が好き、ねばり強く何かをやりとげる

楽しいひとときに最適なワインを選ぶ

ソムリエ

レストランやホテルなどで、お客さんの好みや料理に合ったワインを選んで提供する。ワインの銘柄《めいがら》や産地、保存方法についての深い知識と、よいワインを見極《みきわ》める確かな舌をもつ。おいしいワインを仕入れるために、ときには生産地まで買いつけに行くこともある。

お客さんが、心地よく食事やワインを楽しめるよう、接客の技術も欠かせない。

ソムリエになるまで

飲食店ではたらきながら、知識を深める。民間資格が複数あり、一部の資格では受験のために実務経験が必要とされる。

こんな君にぴったり 微妙《びみょう》な味のちがいにも気がつく

長年の経験をもとに最高のお酒をつくる

杜氏

現代でも、酒職人たちが伝統的な製法で日本酒をつくっている酒造会社がある。「杜氏《とうじ》」は、酒職人を束ねて、蔵《くら》の味を守る最高責任者だ。酒づくりの工程を管理し、長年の経験から適切な判断をして、酒職人に指示を出す。

杜氏はかつて、日本各地にあった杜氏集団に所属していて、酒づくりの時期になると造酒屋《つくりざかや》に雇《やと》われていたが、現在では酒造会社に勤めていることがほとんど。

杜氏になるまで

酒造会社に就職して経験を積む。なかには大学などで醸造《じょうぞう》（酒などの製造）について学んでから就職する人もいる。

こんな君にぴったり 地道な作業に取りくめる

一生に一度の思い出を演出する

ウエディングプランナー

結婚《けっこん》式や披露宴《ひろうえん》をプロデュースする仕事。お客さんの希望や予算を聞き、プランを考えて提案する。和風の式や洋風の式、海外での式など、お客さんの希望はさまざまなので、柔軟《じゅうなん》な発想力でプランを練る。プランが決まると、会場や、引出物《ひきでもの》などの必要な品物を手配するなど、本番までに着々と準備をすすめていく。結婚式の当日には、想定外のことが起きても臨機応変に対応できるよう、立ち会って進行をチェックする。

平日は準備をすすめ、休日には式に立ち会うため、とても忙《いそが》しい仕事だが、やりがいは大きく人気の高い職業だ。

こんな君にぴったり

人を喜ばせるのが好き、計画を立てるのが得意

ウエディングプランナーになるまで

専門学校や養成スクールで学び、結婚式場やホテル、結婚式のプロデュース会社などに就職する。

専門学校などに通わずに、すぐに就職して、はたらきながら経験を積む人もいる。民間の資格も多数あるので、取得すると就職しやすい。

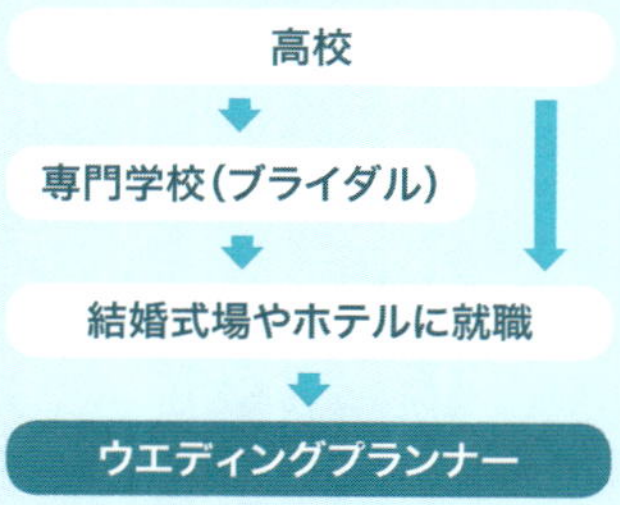

高校
↓
専門学校（ブライダル）
↓
結婚式場やホテルに就職
↓
ウエディングプランナー

（高校から直接、結婚式場やホテルに就職する矢印あり）

旅先で素敵《すてき》な思い出をつくってもらう

旅行代理店ではたらく

こんな君にぴったり

旅行が好き、計画を立てるのが得意

旅行のプランを企画《きかく》して、販売《はんばい》するのが旅行代理店だ。企画をする「ツアープランナー」、企画に合わせてホテルや交通手段、訪問場所などを手配する「ツアーオペレーター」、営業や広告などでお客さんを集める「営業マン」、お客さんを引率して観光地をめぐる「ツアーコンダクター」など、さまざまな人がはたらいている。小規模な旅行代理店では、これらの仕事をひとりでこなす場合もある。

さまざまな観光地や名物に関する知識や、お客さんをもてなすための接客術、海外旅行を担当する場合には語学力も求められる。

旅行代理店ではたらくまで

大学や観光関連の専門学校などで学んでから就職する。希望の部署に配属される前にさまざまな部署で経験を積むことも多い。

ツアーコンダクターになる場合は、旅程管理主任者という資格を、はたらきながら取得する。

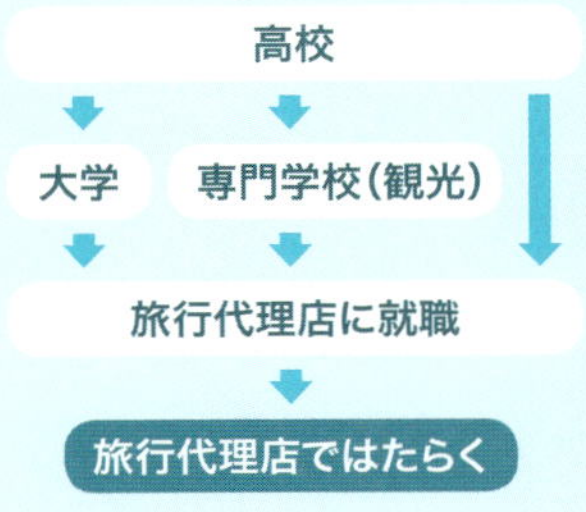

安全で快適な空の旅を提供する

キャビンアテンダント

旅客機のフライト中に、安全確認《かくにん》や緊急時《きんきゅうじ》の乗客の誘導《ゆうどう》などの保安管理を担う。乗客がリラックスできるように、飲みものや機内食の提供、雑誌・新聞の配布など、さまざまな機内サービスもおこなう。

フライト前はパイロットやほかのキャビンアテンダントと打ち合わせをし、フライト中は乗客のようすをつねに観察しながら、万が一のことがあれば、臨機応変に行動する。また、外国人のお客さんに接する機会も多いので、語学力も求められる。華《はな》やかな見た目で、人気のある職業だが、1日に複数のフライトをこなすこともある、体力も必要な仕事だ。

こんな君にぴったり 海外の文化に興味がある、気配りができる

キャビンアテンダントになるまで

大学や専門学校を卒業し、航空会社の採用試験を受ける。英語力は必須《ひっす》で、ＴＯＥＩＣ《トーイック》で600以上のスコアを求める航空会社が多い。

採用試験の倍率は、大手航空会社では100倍ともいわれる。合格するため、大学や専門学校に通いながら、さらに養成講座で学ぶ人もいる。

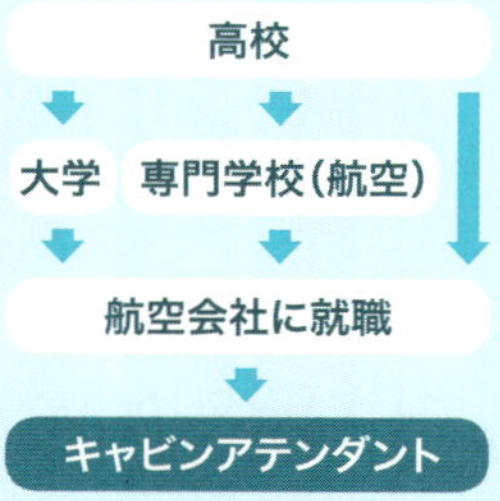

キャビンアテンダントの現場

訓練センター

乗客の安全を守ることが、最も大切な仕事。キャビンアテンダントは実際の機体によく似た訓練センターで、保安管理の訓練を定期的におこなっている。

空港内のオフィス

空港には、各航空会社のオフィスがある。キャビンアテンダントは、フライトの2時間ほど前にオフィスに入り、乗客数や機内サービスの内容などを確認して、準備する。

これもキャビンアテンダントの仕事

クルーブリーフィング

乗客の搭乗前《とうじょうまえ》には、機内でパイロットとともに「クルー（乗務員）ブリーフィング（報告）」とよばれる打ち合わせをする。

全員で、気象条件や飛行時間、ルートを確認する。

キャビンアテンダントのこれから

航空会社が増え、競争が激化する

最近は、大手の航空会社のほかに、小規模な航空会社が次々登場するなど、航空会社同士の競争が激しくなっている。各航空会社は、新しいサービスやよりゆきとどいたもてなしをすることで、差別化を図ろうとしている。

キャビンアテンダントには、さまざまなサービスを提供できるスキルと、柔軟性《じゅうなん》が求められる。

仕事データ

■1日の勤務時間

勤務時間は、フライト先によってまちまち。また出社時間も、早朝や深夜など、フライトによって異なる。

■休日

国内線では、4日勤務したあと、2日休むことが多い。国際線は現地宿泊などもあり、休日は不規則。

■関連する仕事

グランドスタッフ（→48ページ）、航空管制官（→158ページ）

空港内のサポート役

グランドスタッフ

グランドスタッフは、たくさんの航空会社の旅客機が乗りいれる広い空港のなかを誘導《ゆうどう》する、乗客にとって心強い案内役だ。カウンターでの案内業務、航空券やパスポートの確認、チェックインの手続き、手荷物の受付、アナウンスなど、仕事内容は実にさまざま。出発時刻までに乗客を搭乗《とうじょう》させるために、ときには空港内を走りまわることも。臨機応変に判断しながら仕事をこなす柔軟《じゅうなん》性が求められる。

近年では、空港での事件や事故に備えた保安訓練もおこなう。勤務時間は1日に7〜8時間で、空港の開業時間に合わせて交代で勤務する。

こんな君にぴったり 人に道案内をするのが得意、空港が好き

グランドスタッフになるまで

空港や航空会社、航空会社の関連会社であるグランドスタッフ専門会社に就職することが多い。

学歴などの応募《おうぼ》条件は会社によって異なる。キャビンアテンダントと同じくらいの英語力が求められることも。

高校
↓
大学 / 専門学校（航空）
↓
空港や航空会社に就職
↓
グランドスタッフ

きめ細かいサービスで、完璧《かんぺき》なおもてなし

ホテルではたらく

ホテルでの仕事には、フロント係のほか、ドアパーソン、ルームキーピング、レストランスタッフ、コンシェルジュなど、さまざまな種類がある。営業や広報など、宿泊客《しゅくはくきゃく》から見えない場所ではたらくスタッフもいる。仕事内容はさまざまだが、宿泊客が快適に過ごせるように、それぞれの業務をこなしている。

最近は、日本を訪《おとず》れる外国人観光客の増加により、語学力や外国の文化に精通《せいつう》した、高いサービスを提供できるホテルスタッフを求めるホテルも増えている。

こんな君にぴったり

旅行が好き、気配りができる、協調性がある

ホテルではたらくまで

高校や大学など、一般《いっぱん》の学校を卒業して就職する人もいれば、ホテル・観光関係の専門学校などを卒業して就職する人もいる。外国人宿泊客の多いホテルでは、高い語学力を必要としていることも。

就職後は研修を受けて各部署に配属されるが、希望の部署になかなかつけないこともある。

高校
↓
大学 / 専門学校（ホテル）
↓
ホテルに就職
↓
ホテルではたらく

旅行に関わる人々

旅行には、さまざまな行き先、移動手段がある。だから、旅行にたずさわる仕事や、そこではたらく人々も、たくさんいる。

海外旅行では、**通訳ガイド**が現地の言葉で案内をしてくれるほか、現地に駐在《ちゅうざい》している**海外ツアーガイド**が、送迎《そうげい》や観光案内、ホテルへのチェックインなどをおこなう場合もある。

国内旅行では、飛行機のほかにいろいろな交通手段が使われるが、それらの乗り物にもさまざまな人が関わっている。たとえば、貸し切りバスや観光バスは**バスドライバー**が運転し、**バスガイド**が観光名所を案内する。また、新幹線では**車掌**《しゃしょう》が安全確認《かくにん》や検札《けんさつ》をおこない、**パーサー**が車内販売《はんばい》などのサービスをおこなう。

旅先で体を休める宿泊施設《しゅくはくしせつ》でもさまざまな人がはたらいている。ホテルでは専門のスタッフが決められた仕事をこなすことが多いが、旅館では**仲居**とよばれる人がお客さんをもてなすために幅広《はばひろ》い仕事をこなす。最近は、ホテルや旅館に加えて、西洋風の外観のペンションも人気が高い。ペンションは小規模なものがほとんどで、**ペンション経営者**とその家族が運営をしていることが多い。

3章

身近なくらしを支える仕事

本の魅力《みりょく》を伝え、売る

書店員

書店員は本を仕入れ、販売《はんばい》するのが仕事。入荷した本を棚《たな》に並べて売り場を準備し、接客や本の注文、売り上げ金の確認などをおこなう。

便利なネット注文の需要《じゅよう》がのび、書店が減っていく現在。書店としての魅力をどのようにつくりあげるかが、課題だ。ロングセラーやベストセラーの本は、店頭につねに在庫があるように仕入れ、新刊やかくれた名作にスポットをあてて売りだす。本のおもしろさを紹介《しょうかい》するポップ広告、テーマや季節に合わせた本の展示、著者を招いてのイベントなど、本をアピールするために、さまざまな工夫《くふう》をこらす必要がある。

こんな君にぴったり

読書が好き、体力に自身がある、人と話すのが好き

書店員になるまで

特に必要な資格や学歴はないが、大手書店の新卒採用の場合などには、大学卒業以上の学歴が求められることもある。

アルバイトや契約《けいやく》社員からはじめ、本に関する知識や、本の選び方や並べ方のセンス、お客さんとのコミュニケーション能力などが認められ、社員になる人も多い。

高校・大学
↓
書店に就職
↓
書店員

美しい花々でいろどる

生花店ではたらく

朝早く市場で花を仕入れ、世話をしながら、店に並べて、販売《はんばい》する。どんな花を贈《おく》るかお客さんの相談にのったり、花を組み合わせて花束やアレンジメントをつくったりする。苗《なえ》や鉢物《はちもの》をあつかう店もあり、植物に関する深い知識が必要だ。

たくさんの花が入った重いバケツを運んだり、花が傷《いた》まないよう冬でも暖房《だんぼう》をつけずに冷たい水をあつかったりと、苦労が多いが、喜ぶお客さんの笑顔がやりがいになる。

生花店ではたらくまで

特に資格は必要ないが、フラワーアレンジメントを学んだり、フラワー装飾《そうしょく》技能士の資格などを取得すると就職に有利。

こんな君にぴったり　花が好き、体力に自信がある

地域の人々に「便利」を提供する

コンビニを経営する

街のあちこちで見かけるコンビニエンスストアは、チェーンの本部が経営する「直営店」と、本部と契約《けいやく》したオーナーが経営する「フランチャイズ店」がある。いずれの場合も、仕入れや商品管理、アルバイトなどの人員管理、在庫管理、売り上げや経費の管理などをしながら、経営している。

立地や客層に合わせた店づくりをして、売り上げアップをめざすことが大切だ。

コンビニを経営するまで

フランチャイズ契約には、開店資金が必要。長時間営業となるため、家族（夫婦《ふうふ》）での経営を求められる場合もある。

こんな君にぴったり　お店を経営してみたい、工夫《くふう》するのが好き

届け物を確実に届ける

郵便配達にたずさわる

手紙やはがき、荷物などを届ける郵便事業は、2007年まで国が運営していたが、現在では日本郵便株式会社がおこなっている。郵便物を全国に設置された郵便ポストから集めたり、郵便局窓口で受けつけたりして回収し、郵便局で送り先ごとに仕分けをして、目的地まで配達する。回収、仕分け、配達は、それぞれ役割がわかれていて、社員やアルバイトなど、さまざまな立場の人がたずさわっている。

1年で最もいそがしいのは、年末からお正月にかけて。年賀状の郵送のために、12月のうちから仕分けして、元日朝早くに届ける。

こんな君にぴったり

地図を見るのが得意、責任感が強い、人と話すのが好き

郵便配達にたずさわるまで

日本郵便株式会社の、地域基幹職または一般《いっぱん》職の郵便コースや窓口コースを受験する。合格後、応募《おうぼ》したエリア内の郵便局に勤務する。配達業務を担当する場合は、普通《ふつう》自動車運転免許《めんきょ》が必要。アルバイトや契約《けいやく》社員から正社員へステップアップする道もある。

高校・大学・専門学校

↓

日本郵便株式会社に就職

↓

郵便配達にたずさわる

くらしに欠かせない水道を守る

水道局ではたらく

ダムなどで水源を確保し、浄水場《じょうすいじょう》で、きれいで安全な水をつくり、家庭や施設《しせつ》へ配水する。くらしに欠かせない水道の維持《いじ》や管理をしているのが、都道府県や市区町村の水道局だ。道路の下にある水道管の設計や管理、浄水場や配水場の機械設備の点検、水質検査など、さまざまな業務をおこなってきれいな水を人々のもとに届けている。災害時には、給水所を設けるなどして、人々の飲み水を確保する。

水道局ではたらくまで

大学などで土木、電気、機械について学び、都道府県や市区町村の水道局職員、または技術系職員の採用試験を受ける。

こんな君にぴったり 身近なくらしに役立つ仕事をしたい

ごみを処理して環境《かんきょう》を守る

清掃工場ではたらく

清掃《せいそう》工場では、可燃ごみを燃やして灰にしたり、不燃ごみや粗大《そだい》ごみを細かくくだいたりして、最終処分場（埋立地《うめたてち》）に運べるよう処理する。専門の技能を身につけた職員が、クレーンの操作、焼却炉《しょうきゃくろ》の温度管理、機械の整備、有害物質が流出していないか調べる水質検査などをおこなっている。また、工場見学会などを開いて、設備の説明をしたり、地域の人々に清掃事業の大切さを伝えたりもする。

清掃工場ではたらくまで

大学などで電気工学や化学などを学び、自治体の技術職に就くか、クレーン操作などの資格を得て民間の清掃工場へ。

こんな君にぴったり 専門知識を生かした仕事をしたい

遺族の気持ちに寄りそい、故人を送りだす

葬儀会社ではたらく

葬儀《そうぎ》会社では故人の遺体を処置し、通夜や葬儀《そうぎ》、告別式の準備をしてとりしきる。故人の遺志や家族の思いをくみ、最《さい》期《ご》にふさわしい葬儀を演出し、会場や火葬場《かそうば》を手配して、葬儀での決まりやふるまいを遺族に説明してサポートする。さらに、仏壇《ぶつだん》やお墓の手配について相談にのることもある。

最近では、身内だけでおこなう家族葬《かぞくそう》なども増えている。ニーズをとらえ、臨機応変に対応していく必要がある。

葬儀会社ではたらくまで

セレモニー関連の専門学校などを卒業後、葬儀会社へ。厚生労働省認定の葬祭《そうさい》ディレクターの資格を取得する人も。

こんな君にぴったり 人の悲しみに寄りそえる

仏教の教えを人々に伝える

僧侶

それぞれの宗派の教えにそって、一生をかけて修行を積み、人々に教えを説く。葬儀《そうぎ》や法事では、お経《きょう》を読んで故人を供《く》養《よう》し、遺族の心もなぐさめる。寺に所属している場合は、経営に関わる仕事や、墓の維持《いじ》・管理などもおこなう。

また、仏教の教えを説くために講演などをおこなったり、被災地《ひさいち》へ行って犠牲者《ぎせいしゃ》をとむらったりする人もいる。僧侶《そうりょ》は、人々の心に寄りそう、大切な役割を果たしている。

僧侶になるまで

仏教系の大学で仏教を学んだあと、お寺に入って修行をする。家のお寺を継《つ》いで僧侶になる人もいる。

こんな君にぴったり 仏教の教えに興味がある

「いざ」というときのくらしを支える

生命保険会社ではたらく

病気や事故、災害ではたらけなくなった人や、家族が急に亡くなった人の生活を保障するのが、生命保険だ。保障を得るには保険に加入し、保険会社に保険金を預ける。保険会社は、加入者から集めた保険金を運用して利益を上げ、万が一の事態が起きた加入者に、保険金を支払《しはら》う。

そうした保険の仕組みを維持《いじ》するため、お客さんに保険の加入をすすめる保険外交員や保険の内容を考える企画《きかく》開発部、保険金を安定して運用する資産運用部、適正な保険金の預かり・支払い額を決めるアクチュアリー（保険数理士）など、さまざまな人が保険会社ではたらいている。

こんな君にぴったり
人の悩みや心配ごとを、親身になって聞ける

生命保険会社ではたらくまで

生命保険会社の採用試験を受けて就職する。

資産運用や保険の企画など、専門的な知識を必要とする部署では、大学卒業以上の学歴が求められることがほとんど。また、アクチュアリーになるには、試験を受けて、日本アクチュアリー会の認定を受ける必要がある。

高校
↓
大学・短大
↓
生命保険会社に就職
↓
生命保険会社ではたらく

総合商社ではたらく

商品を売りたい企業《きぎょう》と買いたい企業の橋渡《はしわた》し

会社同士がさまざまな商品を取り引きするときに、仲立ちをするのが、総合商社だ。商社は、私たち消費者と直接やりとりをすることはないが、実は身のまわりのあらゆるものに関わっている。消しゴムひとつとっても、原材料を買いつけてメーカーに売る、できあがった製品を問屋《とんや》におろす、さらには海外に輸出するなど、さまざまな仕事をしている。

ニーズに合わせて仕事の幅《はば》を広げていくところも、商社の仕事の特徴《とくちょう》だ。資源開発のプロジェクトへの参加、海外の会社への投資などもおこなう。知識と人脈を次々とつなげて、新しいものを生みだしていく。

こんな君にぴったり

体力だけはだれにも負けない、人と話すのが好き

総合商社ではたらくまで

大学卒業後、商社に就職する。特に大手の総合商社は人気が非常に高く、せまき門となっている。

海外ではたらくことがあるため、語学力が求められる場合も多い。取り引きを実現するためには、行動力が重視されるので、部活動や課外活動などを学生時代にしておくと、アピールできるだろう。

大学
↓
総合商社に就職
↓
総合商社ではたらく

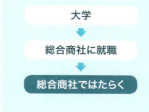

ひとつのものが売れるまで

私たちがふだん買っているものは、さまざまな人が関わってできている。たとえばカップ麺《めん》では、まず**食品メーカーの商品企《き》画部《かく》**が会議をして、ヒットする商品を企画する。この企画段階から**総合商社ではたらく**（↓58ページ）人が関わることもある。

商品が決まると、原材料の仕入れだ。商社の社員が人脈やデータを利用して、安くて品質のよい原材料を探す。**食品メーカーの商品開発部**では、よりおいしい商品をつくるため、サンプルをつくる。のびにくい麺《めん》にするなど、新しい加工技術が必要ならば、専門分野の**大学教授**（↓106ページ）や**研究者**に話を聞くこともある。

商品は容器やパッケージも大切だ。社内の**容器包装技術者**が、麺が割れにくい構造の容器を提案したり、依頼《いらい》を受けた社外の**パッケージデザイナー**が、食欲をそそるようなパッケージをつくったりしている。

商品のサンプルや容器が決まれば、**食品工場職員**や**容器工場職員**が、生産する。できあがった商品は、**運輸業者**が陸海空のさまざまな手段で、運んでいく。商社の仲介《ちゅうかい》で各地の問屋におろされて、スーパーマーケットなどの**小売業者**が買いつける。そうして、私たち消費者のもとへ届くのだ。

分析《ぶんせき》力で会社の発展の一助となる
経営コンサルタント

企業《きぎょう》や商店などから依頼《いらい》を受け、経営状態を分析して、今後の経営方針や具体的な改善内容などについてアドバイスをする。仕事内容や、仕事にかかるお金の見直し、人事など、アドバイスの内容は幅《はば》広い。依頼主が提出する資料を読みこみ、ときには独自の調査をおこなう。その業界での基本的な知識も求められるので、飲食業を専門とするコンサルタントなどのように、専門性を高める人もいる。

こうした経営についての知識を生かして、経営者などを集めた講演会や勉強会などをおこなうこともある。

こんな君にぴったり するどい観察力をもっている、人の相談にのるのが得意

経営コンサルタントになるまで

大学を卒業後、一般《いっぱん》企業《きぎょう》などではたらき、経営に関する知識を身につけて、経営コンサルタントになる方法、経営コンサルタント会社に就職する方法などがある。

中小企業《きぎょう》診断士という資格を取得していると評価が高くなる。一定の経験を積んだあと、独立する人もいる。

高校・大学・短大など
↓
一般企業などではたらく
↓
コンサルタント会社に就職
↓
経営コンサルタント

税理士

企業《きぎょう》や個人の税金に関するサポートをする

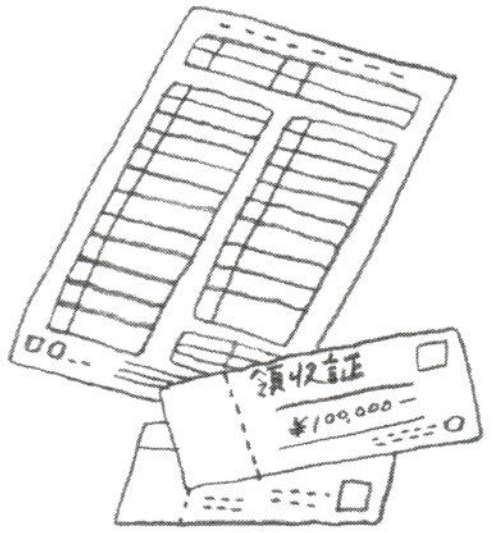

企業や個人の依頼《いらい》を受け、仕事での取り引き、財産の相続などで生じるさまざまな税金に関する書類をつくり、依頼主にかわって税務署に申告する。身近な消費税とちがって、所得税などは企業や個人によって納税額が異なる。税理士は、正確に計算をして、不備なく所得税が納められるようにする。

さらに、税金のスペシャリストとして、依頼主からの、税金のしくみなどについての相談に応じることもある。

税理士になるまで

税理士試験に合格して税理士事務所に勤務し、税理士となる。弁護士や公認会計士は、無試験で税理士になれる。

こんな君にぴったり 計算が得意、きちょうめん

公認会計士

第三者の立場で企業の会計を確認

株式会社（→12ページ）が、その年の収入や支出に関する書類を公表するときに、その書類にまちがいがないか調べる「会計監査《かんさ》」をおこなう仕事。その会社の信用を保つための重要なもので、公認会計士は厳しい目で監査をしている。会社の規模によって、数人から、多いときには数百人の会計士がチームを組み、監査をおこなう。各企業《かくきぎょう》で年度の決算がおこなわれる4月から5月が、特にいそがしい。

公認会計士になるまで

医師国家資格の取得と並ぶ難関ともいわれる公認会計士国家資格を得る。監査法人や会計事務所に就職することが多い。

こんな君にぴったり 使命感が強い、きちょうめん

お金を預かり、経済を支える

銀行員

銀行では、お金に関するさまざまな取り引きがおこなわれている。お金を預かる預金、お金を貸す融資《ゆうし》、振《ふ》り込《こ》みや送金をおこなう為替《かわせ》などがある。銀行員は、窓口で取り引きを受けつける窓口業務（テラー）、窓口の近くでお金の計算をする後方業務、融資や口座開設を希望する企《き》業《ぎょう》や個人を訪問する渉外《しょうがい》業務などにわかれて、取り引きを担《にな》う。

どの業務でも、お客さんの話をしっかりと聞くことが大切。テラーや後方業務では、1円のまちがいもなく計算をすることも重要だ。融資にたずさわる場合は、融資する企業が今後きちんと返済できるか見極《みきわ》める。

こんな君にぴったり 計算が得意、人と話すのが好き、きちょうめん

銀行員になるまで

銀行員には、さまざまな業務にあたり、転勤もある総合職と、同じ支店で窓口を担当する一般職《いっぱんしょく》がある。総合職は一般的に大学卒業以上、一般職は高校卒業以上の学歴が必要とされる。商業や経済関係の学部だと、やや有利。入行《にゅうこう》※後には、銀行業務検定などを受け、スキルアップをはかる。

高校（商業）・大学（経済など）
↓
銀行に入行
↓
銀行ではたらく

※銀行に就職すること。

銀行員の現場

融資先の企業

融資を担当する銀行員は、融資をした企業へ行って話を聞き、返済状況《へんさいじょうきょう》を知らせる。反対に、業績のよい企業を訪問して、融資をすすめることもある。

地域のイベント

地方の銀行では、地域の人々とのつながりがとても大切。そのため、お祭りや清掃活動《せいそうかつどう》などの地域でのイベントに参加することもある。

これも銀行員の仕事

臨店業務

お金をあつかう銀行は、信用が第一。本部の銀行員が、支店を訪問し、不正のない取り引きがおこなわれているかチェックする「臨《りん》店《てん》」を定期的におこなう。

銀行員のこれから

銀行の経営統合がすすむ

最近は、インターネット上で営業するネット銀行が登場したことや、貸すお金の利子が下がっていることなどから、銀行同士の競争は激しくなっている。経営統合をする銀行も多い。そんななかで、新しく便利なサービスを提供するために、アイデアとサービス精神をもった人が求められるようになりつつある。

仕事データ

■1日の勤務時間

基本的には朝から夕方までだが、事務処理でトラブルが生じたときなどは、夜遅《よるおそ》くまではたらくこともある。

■休日

銀行は土日に休業することが多いので、それに合わせて土日、祝日に規則正しく休めることが多い。

■関連する仕事

ファイナンシャルプランナー(→64ページ)

お客さんの注文を受けて株の売買をする

証券会社ではたらく

証券会社は、株式会社（→12ページ）が発行し、証券取引所が管理する「株」の取り引きを仲立ちする。株の値段は、その企業《きぎょう》の取り組みや時事問題により変わり、買ったときの値段より高くなったときに売りに出すことで、利益を上げる。

証券会社では、証券取引所とお客さんとの取り引きを成立させたり、企業に代わって株の買い手を探したりする。つねに市場をチェックし、情勢を見極《みきわ》めていく目が必要とされる。

証券会社ではたらくまで

一般《いっぱん》的には、大学などを卒業して証券会社に就職する。株の取り引きをおこなうには、外務員資格が必要。

こんな君にぴったり 社会の変化に敏感、人と話すのが好き

依頼《いらい》主の未来を考え、アドバイスする

ファイナンシャルプランナー

会社や個人の依頼で、財産を増やす方法や保険の選び方、住宅ローンの支払《しはら》いや貯金など、お金に関する相談にのり、将来設計に関するアドバイスをおこなう。

老後にもらえる年金の減少やはたらき方の多様化などで、これからはお金の管理が今まで以上に大切だと考える人が増えていくだろう。そのため、ファイナンシャルプランナーの必要性も高まっていくことが考えられる。

ファイナンシャルプランナーになるまで

ファイナンシャルプランナー事務所などに就職する。無資格でも就業できるが、国家資格や民間資格をとるとよい。

こんな君にぴったり 計画を立てるのが得意

4章

安全な世の中を守る仕事

正義をまっとうし、市民の安全を守る

警察官

犯罪や法律違反《いはん》をとりしまり、人々の安全なくらしを守る仕事。警察には、都道府県の警察と、国の機関である警察庁があり、役割によって細かく部署がわかれている。交番で地域の人を守る地域部、殺人や強盗《ごうとう》事件などを捜査《そうさ》する刑事部《けいじ》、交通違反をとりしまり、事故を防ぐ交通部、ひったくりや詐欺《さぎ》など、街《まち》で起きる犯罪をあつかう生活安全部、政治的な事件の防止や捜査、重要人物の警護などをおこなう警備部などだ。

どんな場面でも、犯罪を許さないという信念だけでなく、冷静な判断力と、指示を守って周囲と協力して行動することが求められる。

こんな君にぴったり

観察力や判断力がある、正義感が強い、体力がある

警察官になるまで

都道府県の警察官は地方公務員、警察庁の警察官は国家公務員で、採用試験に合格する必要がある。受験資格は日本国籍《こくせき》をもっていること。年齢《ねんれい》、学歴などによって受験できる試験が異なり、柔道《じゅうどう》・剣道で高い技術をもつ人を対象にした試験もある。合格したら警察学校で学び、その後警察官になる。

中学・高校・大学
↓
警察官採用試験合格
↓
警察学校（半年～10か月）
↓
警察官

警察官の現場

交番・駐在《ちゅうざい》所

多くの警察官が、最初に担当するのが交番勤務。地域のパトロールや道案内、迷子《まいご》の保護や落とし物の管理、けんかの仲裁《ちゅうさい》や防犯相談など、地域の人に直接関わる仕事だ。

主要国首脳会議などでの警備

世界の首脳が集まる会議などが日本で開催《かいさい》されるときは、事件や事故が起こらないように、日本中から警察官が集まり、厳戒《げんかい》態勢で警備をする。

これも警察官の仕事

警察音楽隊・カラーガード

交通安全運動のパレードなどで演奏し、警察と市民を音楽でつなぐのが、警察音楽隊だ。一緒《いっしょ》に旗を掲《かか》げパフォーマンスするのがカラーガードだ。

警察官のこれから

多様な犯罪に対応する

振《ふ》りこめ詐欺などの高齢者《こうれいしゃ》をねらった犯罪や、ドローンを利用した犯罪など、社会の変化や技術の進歩によって、あらゆる犯罪が発生している。さらに国際情勢もめまぐるしく変化しているので、テロなどにも警戒《けいかい》する必要がある。

警察官には、社会の動きや新しい技術への理解、地域の人々からの厚い信頼《しんらい》が必要とされる。

仕事データ

■1日の勤務時間

交番では交替制《こうたいせい》で勤務する。24時間勤務の当番《とうばん》、勤務のない非番《ひばん》、朝から夕方まで勤務する日勤《にっきん》と、休日をくりかえす。

■休日

交替制の勤務なので、決まった休日はない。4週間のうち、4日が休みになる。

■関連する仕事

消防士（→68ページ）、自衛官（→70ページ）

危険な災害現場で命をかけて人々を守る

消防士

人命を守るために、火災での消火や救助、災害や事故現場での救出などをおこなう。被害《ひがい》を未然に防ぐための予防活動も大切な仕事だ。建築物は、設計段階でチェックしたり、定期的に立ちいり検査をしたりして、消火設備や避難《ひなん》経路に問題がないか確認をする。地域住民の防災への意識を高めるために、訓練やイベントもおこなう。

現場で冷静に的確な判断をし、素早《すばや》い行動がとれるよう、知識や技術をみがき、日々の訓練を欠かさない。また、海外で大きな災害が起きたときには、国際消防救助隊を編成して出動することもある。

こんな君にぴったり

集中力と体力がある、人を助ける仕事がしたい

消防士になるまで

消防士は地方公務員なので、都道府県や市区町村の採用試験を受ける。試験は年齢《ねんれい》や学歴によって種類があり、筆記試験のほかに、反復横とびや腕立《うでた》てふせなどの体力検査がある。合格後は消防学校で、防災の知識や技術を学び、体力トレーニングなどもする。卒業後、地域の消防署に配属される。

- 中学・高校・大学
- ↓
- 消防士採用試験合格
- ↓
- 消防学校（半年程度）
- ↓
- 消防士

人命救助のスペシャリスト

特別救助隊員

人命救助を専門におこなう消防士。オレンジ色の救助服を着用していて、レスキュー隊ともよばれる。

過酷《かこく》な現場にたえられる体力と精神力、高い救助技術が求められる。より大きな災害にも対応できる、大型の機材を備えたハイパーレスキュー（消防救助機動部隊）もある。

特別救助隊員になるまで

消防士として現場ではたらきながら経験を積み、技術や体力をみがいて入隊試験を受ける。

山で事故にあった人たちを助ける

山岳救助隊員

山の多い地域では、遭難事故《そうなんじこ》などが起こりやすいため、すぐに対応できるように、山岳《さんがく》救助隊が設置されている。隊員は消防士から選ばれ、ヘリコプターからロープをつたって救助するなど、山岳救助の専門的な技術を身につけている。登山者へのよびかけなど、事故防止の活動もおこなっている。

山岳救助隊員になるまで

山岳救助隊のある自治体で試験を受け、消防士に。山岳救助の適性を認められると、配属される。

急病人の処置をしながら病院へ運ぶ

救急救命士

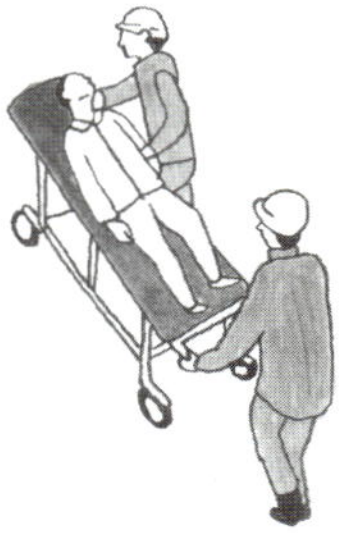

救急車で、病人やけが人を病院へ運び、生命の危険があるときには、医師の指示を受けて緊急《きんきゅう》処置をする。消防署で救急隊員としてもはたらいている。

一刻を争う状態でも、冷静に患者《かんじゃ》のようすを見極《みきわ》めて、素早《すばや》い対応によって命を救う。幅《はば》広い医学の知識と、判断力が求められる。

救急救命士になるまで

消防士になってから、救急救命士国家資格を取得する。救急救命士の専門学校もある。

専守防衛《せんしゅぼうえい》で日本の安全を守る

自衛官

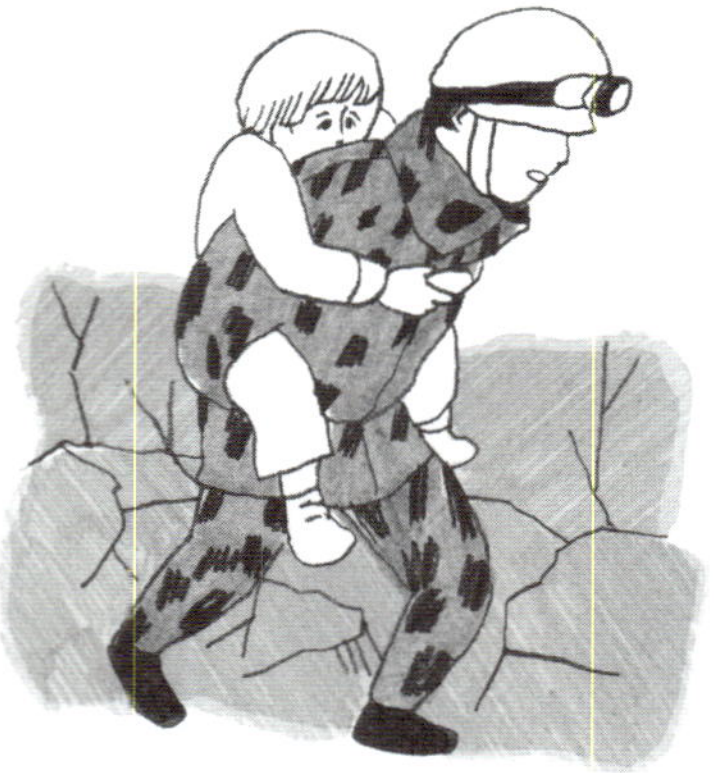

陸上、海上、航空それぞれの自衛隊の隊員として、国と国民の安全を守る。自衛隊は、日本が万が一ほかの国から攻撃《こうげき》を受けたときに、国を守るための行動をとる。そのため、必要な装備をもち、訓練を重ねている。ただしその行動は、あくまで国と国民を守るために最低限必要なことだけ。相手を攻撃することが目的ではない。

台風や地震《じしん》などの災害があったときは、警察や消防と協力して救助活動をおこなう。海外で大きな災害や紛争《ふんそう》が起きたときに、現地へ派遣《はけん》されて、医療《いりょう》や給水の援助《えんじょ》、救援《きゅうえん》物資の輸送などをおこなう。

こんな君にぴったり

協調性がある、体力がある、人を助け守りたい

自衛官になるまで

自衛隊にはいろいろな職種、立場があり、自衛官になる道もさまざま。年齢《ねんれい》、学歴に合った自衛官の国家試験を受けるほか、中学卒業後に陸上自衛隊工科学校に入学、高校卒業後に防衛大学や防衛医科大学、大学、パイロット養成の航空学生になるなどの方法がある。

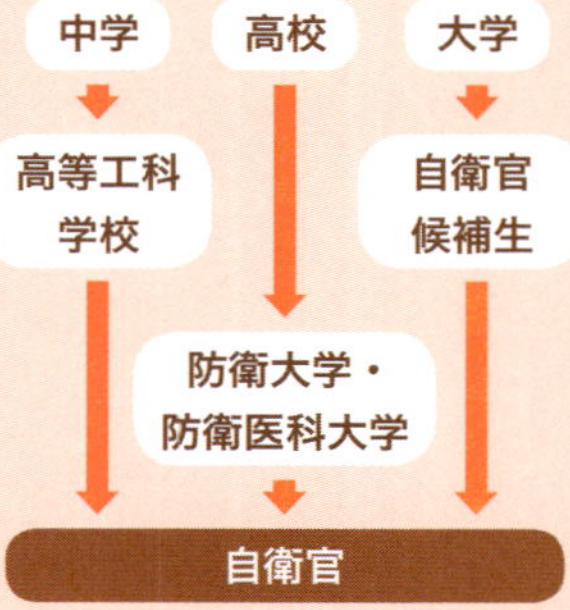

海の事故から人々を救いだす

海上保安官

こんな君にぴったり
泳ぐのが得意、人を助ける仕事がしたい

海上保安庁の職員として、海の安全を守る。密漁や不正入国など、海上での犯罪をとりしまり、必要に応じて逮捕《たいほ》する。海の事故や災害のときには人命救助をおこなう。安全な航海と海の環境《かんきょう》保護のための海洋調査や海図づくり、航路標識の整備など、海の交通安全を守る任務もある。職員のおよそ半数は、巡視《じゅんし》船や航空基地など、海に出る現場ではたらき、船の運行に必要なエンジンの整備や日々の練習などをしながら、同時にパトロールや捜索《そうさく》・救助などをおこなっている。残りの半数は、地上で経理や通信業務などにあたっている。

海上保安官になるまで

全寮制《ぜんりょうせい》の海上保安学校、海上保安大学校に入学し、知識や技術を学ぶ。海上保安学校は1年制（一部の課程のみ2年制）で、大学卒業後でも受験できる。4年6か月の教育で幹部候補生を育てる海上保安大学校の受験資格は、高校卒業後2年以内。一部、国家公務員試験合格者の採用もある。

- 高校 → 海上保安大学校※ → 海上保安官
- 高校 → 大学 → 海上保安学校 → 海上保安官

※高校卒業後２年以内に入学する。

法の知識で依頼人《いらいにん》の権利を守る

弁護士

法律の専門家として、人々の権利や社会正義を守るためにはたらく。交通事故、離婚《りこん》、相続、仕事を不当に辞《や》めさせられるなどのトラブルをあつかう民事事件では、相談者の話を聞き、法律に基づいた解決法をアドバイスするほか、トラブルの相手と話し合い、場合によっては裁判によって解決をめざす。強盗《ごうとう》や殺人などの刑事《けいじ》事件では、被疑《ひぎ》者の弁護をおこなって、公正な裁判を受ける権利を守る。

だれでも気軽に法律相談ができる「法テラス」の弁護士は、利用者に、必要な手続きの方法や、相談内容に応じた別の機関の窓口を紹介《しょうかい》する。

こんな君にぴったり

どんなことにもねばり強くとりくめる

弁護士になるまで

大学の法学部を卒業後、法科大学院で法律を学ぶか、司法試験予備試験に合格し、司法試験の受験資格を得る。合格後は、司法修習を受け、さらに司法研修所で司法修習生考試に合格する。日本弁護士連合会に登録して弁護士になる。

法科大学院 / 司法試験予備試験合格
↓
司法試験合格
↓
司法修習（1年間）
↓
司法修習生考試合格
↓
日本弁護士連合会に登録
↓
弁護士

犯罪を見極《みきわ》め、正義を守る

検察官

犯罪の被疑《ひぎ》者を、裁判にかける「起訴《きそ》」をおこなうかどうかを決めるのが検察官だ。警察などと協力して事件を捜査《そうさ》し、被疑者が本当に罪を犯《おか》したのか、裁判にかける必要があるのかを慎重《しんちょう》に判断して、起訴する。

裁判では、被疑者の有罪を証明し、事実とそれに関する法律的な見解をのべる。また、その罪に対して、どのくらいの刑《けい》をあたえるべきかをのべる「求刑《きゅうけい》」をおこなう。

検察官になるまで

弁護士と同様に、司法試験に合格し、司法修習を受ける。検事採用面接を受け、司法修習の修了《しゅうりょう》後に検察官になる。

こんな君にぴったり 物事を冷静に見ることができる

憲法や法律に基づき、中立的な立場で判断する

裁判官

裁判所に訴《うった》えられた問題や事件を、法にしたがって判断する仕事。弁護士や検察官から提出された書類を読み、訴えた側と訴えられた側の言い分を聞いて、公平に判決する。

裁判所には、家庭・簡易・地方・高等・最高裁判所がある。地方裁判所では、ひとりの裁判官が法廷《ほうてい》の責任者となり、単独で判決を出すことも。重大な犯罪をあつかう裁判員裁判では、一般《いっぱん》の人々から選ばれた裁判員を束ね、判決をくだす。

裁判官になるまで

司法試験、司法修習を受けた後に、10年間判事補※として地方・家庭裁判所で経験を積むと、単独判決もできる判事に。

こんな君にぴったり 人の意見に流されない、正義感がある

※判事・判事補は、裁判官の役職名のうちのひとつ。

役所に提出する書類の専門家

行政書士

家を建てる、自動車を買う、相続をする、新しくレストランを開くなどといったときには、市役所、陸運局、税務署、保健所といった機関に許可や届け出の書類を提出しなくてはならない。書類の数は多く、法律の知識も必要とされる。そんなときに、代理として書類の作成や手続きをするのが行政書士だ。あつかう書類は1万種類以上もあり、依頼《いらい》主と打ち合わせをして、期限までに書類を作成する。

行政書士になるまで

行政書士試験に合格し、日本行政書士会連合会の登録を受ける。試験は受験資格に制限がなく、だれでも受験できる。

こんな君にぴったり いろいろな法律に興味がある

法的な書類の作成や手続きを手助けする

司法書士

裁判所や法務局などに提出する書類を、個人や企業《きぎょう》・団体に代わって作成し、手続きをする仕事だ。たとえば、新しく土地を買ったり、会社をつくったりしたときには、法務省に書類を提出し、「登記《とうき》」という手続きをする。司法書士は、法律の知識のない個人や企業に代わって、登記をおこなう。また、簡易裁判所でおこなわれる一部の裁判では、弁護士と同じ業務もできる。

司法書士になるまで

司法書士国家試験に合格し、日本司法書士会連合会の名簿に登録されて司法書士に。試験の受験資格に制限はない。

こんな君にぴったり 決まりをしっかりと守れる

裁判にたずさわる人々

裁判には、**裁判官**（→73ページ）、**弁護士**（→72ページ）、**検察官**（→73ページ）のほかにも、さまざまな人が関わっている。その記録を調書《ちょうしょ》として整理し、裁判に立ち会い、弁護士や検察官などと打ち合わせをして、裁判をスムーズにすすめる**裁判所書記官**、書記官のもとではたらく**裁判所事務官**などがいる。また、あつかう事件や問題の種類によって、裁判に関わる人はさらに増える。

家庭の問題や少年の犯罪をあつかう家庭裁判所では、家庭環境、少年事件の原因や動機、少年の育った環境《かんきょう》などを調査する**家庭裁判所調査官**がいる。裁判官は、家庭裁判所調査官の報告をもとに判決を下す。

刑事《けいじ》事件の場合、**警察官**（→66ページ）が逮捕《たいほ》した被疑《ひぎ》者を、検察官がさらに慎重《しんちょう》に取りしらべ、訴《うった》えを起こす「起訴《きそ》」をおこなう。民事裁判の場合は、訴えを起こす側（原告）、起こされる側（被告《ひこく》）も弁護士が代理人を務めることが多い。

簡易裁判所での裁判は、**司法書士**（→74ページ）がおこなうことも。また、特許として認められた技術を勝手に使われたなど、知的財産権に関する裁判は、特許や商標の申請《しんせい》をあつかう**弁理士**が、弁護人に協力したり、代理人を務めたりすることもある。

政治家

人々の生活のあり方を考え、決まりを整える

選挙で選ばれた、国民の代表である国会議員や、都道府県、市区町村の議員、それらの候補として選挙活動をする人が政治家だ。議員は、社会状況《じょうきょう》や人々の生活、外国との関係などについて議論し、法律や条例などの決まりを整える。時代に合わせて改正や廃止《はいし》についても話し合う。

さらに、税金の使いみちである「予算」についても議会で話し合って決める。先を見通して、人々の役に立つ政策を考えるとともに、議会で決めたことを国や地方自治体が実際におこなっているかチェックもする。人々の将来を左右する、責任の重い仕事だ。

こんな君にぴったり

いろいろな人の立場で考えられる、リーダーシップがある

政治家になるまで

選挙の候補者になる方法はさまざまだが、何より人脈が大切。政党の候補者公募《こうぼ》に応募《おうぼ》する方法もあるが、政治家の秘書を務めたり、政治家や政党が主催《しゅさい》する政治塾《じゅく》で学んだりして、人脈を広げ、政党の後ろ盾《だて》を得て選挙に出る。芸能人などから議員立候補をめざす場合も。選挙によって立候補資格は異なる。

政党や政治家との人脈をつくる
↓
議員選挙に立候補※
↓
当選
↓
政治家（議員）

※国会議員選挙には、衆議院で満25歳以上、参議院で満30歳以上の日本国民が立候補できる。

日本とさまざまな国や地域をつなぐ

外交官

外交官とは、日本と外国との関係をつなぐ仕事をする、外務省の職員のこと。世界195か国にある日本大使館※、60都市にある領事館、国際連合の日本政府代表部、国内の外務省本部などではたらいている。

外交官は、外国との平和で友好的な関係を築くために、開発途上《とじょう》国の支援《しえん》や国際的な平和活動への協力など、さまざまな活動をしている。また、海外にいる日本人の生命や財産を保護し、海外の情報を集めて日本国内に伝えることもする。語学力と、さまざまな国や地域の歴史や文化についての理解がなくてはできない仕事だ。

こんな君にぴったり

世界中の人々と交流したい、英語が得意、行動力がある

外交官になるまで

国家公務員採用総合職試験、国家公務員採用一般《いっぱん》職試験、外務省専門職員採用試験のいずれかを受験し、合格する。

試験によって、受験できる年齢《ねんれい》や、職員になってから任される仕事の種類が異なるが、いずれも海外ではたらく機会が多い。

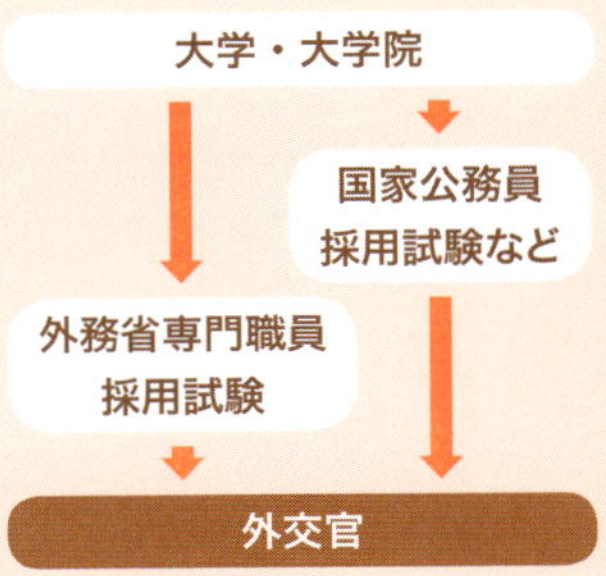

※大使館は、各国の要人をもてなす場。領事館は、その国に滞在《たいざい》する日本人がいろいろな手続きをするところ。

世界の人々のために力をつくす

国際連合ではたらく

法律、経済、環境《かんきょう》、医療《いりょう》などの専門分野の知識を生かし、開発途上《とじょう》国への技術協力や指導などをおこなう。国連本部や、ユニセフ、ユネスコなどの関連機関ではたらく。活動内容は、国と現場に応じて多種多様だ。さまざまな理由で母国を逃《のが》れた「難民」の救済や支援《しえん》、子どもの兵士の武装解除、伝染《でんせん》病が拡大する地域での物資や医療の援助《えんじょ》などをおこなう。

国連職員は世界中から集まっていて、文化や環境、経験がまったくちがう。担当する地域の言語や英語でコミュニケーションをとり、多様性を認めあいながら、協力して職務にあたっている。

こんな君にぴったり どんなことにも前向きにとりくむ、英語が得意

国際連合ではたらくまで

国連の求人に応募《おうぼ》する、国連事務局ヤング・プロフェッショナル・プログラム（YPP《ワイピーピー》）を受験する、2年間派遣されて実務経験が積めるJPO《ジェイピーオー》派遣《はけん》制度に応募するという方法がある。いずれも大学卒業以上の学位と、英語かフランス語の高い語学力が求められる。

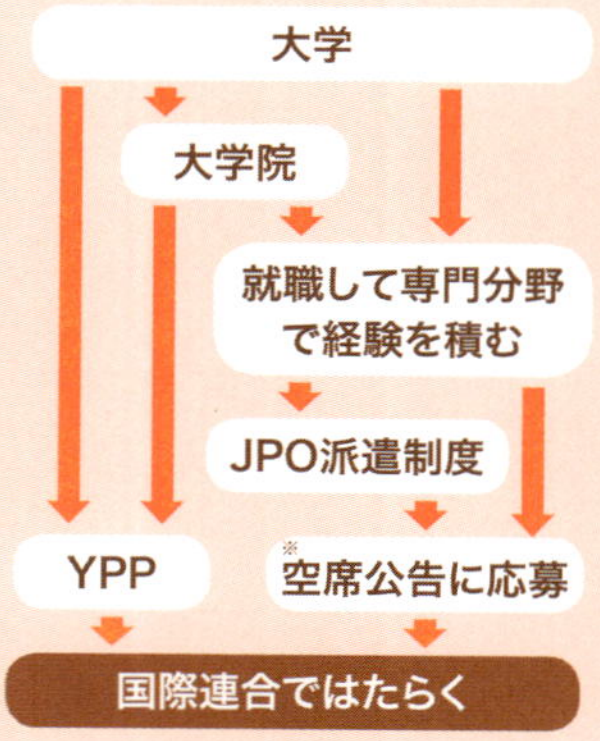

※ポストに欠員が出たときにかかる募集。募集職種によって、応募資格は異なる。

貿易の税とルールを守る

税関ではたらく

空港や港にある税関では、輸出入される品物や、渡航《とこう》者の荷物を調べている。職員は、輸出入に関する書類の審査《しんさ》や貨物を確認して、輸入品にかかる税率が正しいか確かめたり、麻薬《まやく》や拳銃《けんじゅう》などが密輸されていないかとりしまったりする。

また、麻薬探知犬とともに空港や港のなかをパトロールして、麻薬をとりしまる「ハンドラー」という職種もある。ハンドラーは麻薬探知犬の訓練もおこなう。

税関ではたらくまで

国家公務員試験に合格したあとに、各税関の採用面接を受験する。総合職と一般職《いっぱんしょく》があり、総合職の採用はとても少ない。

こんな君にぴったり 観察力がある、物流に興味がある

日本に出入国する人を審査《しんさ》する

入国審査官

空港や港で、出入国する日本人や外国人を審査して、法令《ほうれい》違反《いはん》をしていないか確かめる。不法に日本に入ろうとしていないかを見極《みきわ》めるため、パスポートを確認したり、滞在理由《たいざいりゆう》についてたずねたりする。

また、在留期間を過ぎた人、不法に日本ではたらいている人の調査や退去手続き、さらに難民の認定などの仕事もある。語学力や外国に対する知識が求められる。

入国審査官になるまで

国家公務員一般《いっぱん》職試験と、入国管理局の面接に合格し、事務官として採用される。研修や実務を積み入国審査官になる。

こんな君にぴったり 人を見る目がある、英語が得意

身近な人々のくらしを支える

役所ではたらく

役所の仕事は、地域住民がくらしやすいように、さまざまな環境《かんきょう》を整備することだ。学校や図書館などの建物を建て、道路や水道を整備し、市営バスなどを運行させるといった、生活の基盤《きばん》を整える仕事。戸籍《こせき》や住民票などの発行、高齢者《こうれいしゃ》や障がい者の支援《しえん》、ごみの回収やリサイクル、農業など地域の産業のサポート、防災計画の作成といった市民の生活に関わる仕事。いずれの場合も、役所の職員は住民にとって最も身近な公務員（→13ページ）だ。地域のことをよく知り、くらしやすい街をつくる努力をして、信頼《しんらい》されることが求められる。

こんな君にぴったり 街づくりに興味がある、人々の役に立つ仕事がしたい

役所ではたらくまで

地方自治体の採用試験を受ける。試験は年齢《ねんれい》や学歴によって、種類が異なり、地元に住むことが条件の場合もある。

事務系の職種は、定期的に部署を異動するが、技術系の職種はあまり異動がない。

高校・短大・大学
↓
地方自治体職員採用試験合格
↓
役所ではたらく

5章

人の健康と生活を守る仕事

医療《いりょう》で人々の健康を守る

医師

病気やけがをした患者《かんじゃ》を診察《しんさつ》し、治療《ちりょう》する仕事。患者の話やさまざまな検査の結果から病名を診断《しんだん》し、治療の計画を立てる。重い病気の場合には手術をおこなう。大学病院などの大きな病院に勤務して、専門分野の診療《しんりょう》をする場合と、自分で医院を開業する場合がある。

入院施設《しせつ》のある病院では、入院患者を担当することもあり、ほかの医師や看護師と協力しながら、24時間体制で、患者の容体《ようだい》に目を配る。人の命を預かるプレッシャーの大きな仕事だが、患者が元気になっていくときの喜びは、なにものにもかえがたいものだ。

こんな君にぴったり やりがいのある仕事をしたい、人体の不思議に興味がある

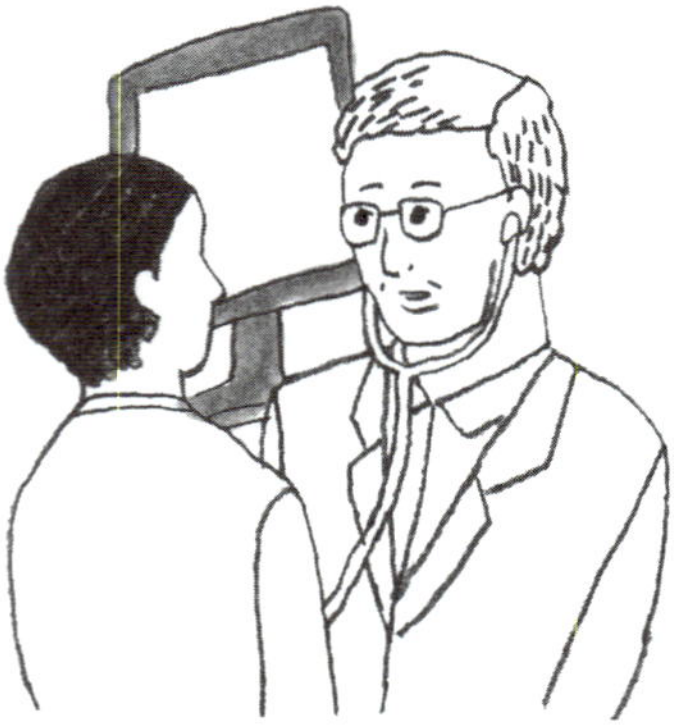

医師になるまで

大学の医学部に入学して6年間、医学について幅《はば》広く学ぶ。その後、医師国家試験に合格して、医師免《めん》許《きょ》を取得する必要がある。

免許取得後は、病院で研修医として2年間勤務し、さまざまな科で経験を積む。希望する科によっては、さらに3~5年の研修を受けて一人前になる。

大学（医学部・6年間）
↓
医師国家資格取得
↓
研修医（2年間）
↓
医師

医師の科、いろいろ

医師には、専門分野ごとにさまざまな科がある。手術をする外科系か、投薬で治療《ちりょう》する内科系に大きくわけられるが、特定の臓器や器官、部位、病名や処置の方法、対象とする患《かん》者《じゃ》によってさらに細かくわかれている。

★特定の部位や臓器、器官によってわかれている科

呼吸器科
せきやぜんそく、肺炎《はいえん》の診察《しんさつ》をする。

消化器科
胃や大腸、食道などの消化器官の診察をする。

皮膚《ひふ》科
にきびやアトピーなどの皮膚の症状《しょうじょう》を診断する。しみ、しわをとりのぞく、美容皮膚科もある。

眼科
目の病気の診察、コンタクトレンズの使用前診断、視力矯正《きょうせい》などをおこなう。

耳鼻咽喉《いんこう》科
耳や鼻、のどの病気を診断する。

精神科
心の病を診察し、治療《ちりょう》する。子どもの診断に特化した、児童精神科などもある。

★対象とする患者によってわかれている科

小児科
子ども特有の病気の診断や、まだ未熟な子どもの臓器や器官に合わせた治療をする。

産婦人科
妊婦《にんぷ》の出産までと産後をケアしたり、女性特有の病気の診断をしたりする。より専門的な診察をする、女性外来などもある。

★病名や処置方法によってわかれている科

放射線科
高機能の検査機器を使って、診断をする科。がんなどの病気では、放射線治療もおこなう。

麻酔《ますい》科
手術の前などに麻酔をする。外科医などと協力して、麻酔をかける。

リハビリテーション科
病気やけがで、体をじゅうぶんに動かせなくなった人のリハビリをサポートする。

がん診療科
がんの診療を専門におこなう。がん研究センターのなかに設置されていることが多い。

手術で患者《かんじゃ》の命を守る

外科医

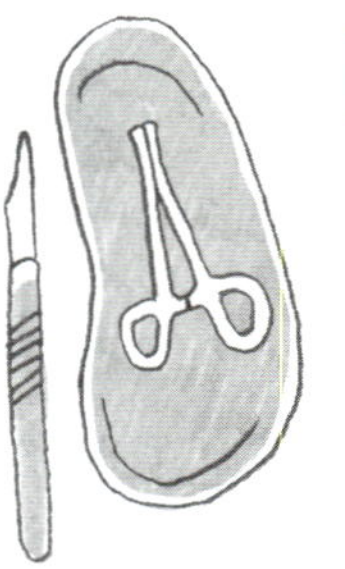

突然《とつぜん》の事故で大きなけがをした人や、重い病気の患者の手術をおこなうのが外科医《げかい》だ。脳、心臓、消化器など臓器によって専門の分野がわかれている。

人の命を左右するだけに責任は大きく、一人前になるまでに長い年月がかかる。手術は10時間以上におよぶこともあり、技術に加えて体力も必要だ。

外科医になるまで

医師免許《めんきょ》を取得し、研修医として2年間勤務後、さらに専門の診《しん》療科《りょうか》で数年間研修を受ける。

子どもの健康と笑顔《えがお》を守る

小児科医

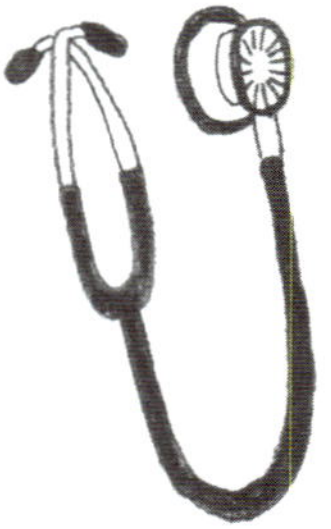

0歳《さい》から15歳までの子どもを診察《しんさつ》する。予防接種をおこなったり、学校で児童や生徒の健康診断《しんだん》をしたりと、病気の予防にもつとめる。

小さな子どもは、症状《しょうじょう》やけがの状態をうまく説明することができないので、洞察力《どうさつりょく》が求められる。また、不安をあたえないように、つねに笑顔で接する。

小児科医になるまで

医師免許《めんきょ》の取得後、研修医として2年間勤務する。大学病院で経験を積んでから開業する人が多い。

歯に関わる病気のスペシャリスト

歯科医

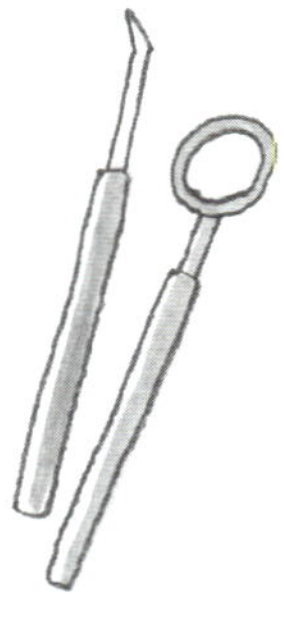

虫歯の治療《ちりょう》や、歯列《しれつ》の矯正《きょうせい》、入れ歯の歯型をとるなど、歯の健康を守る医師。歯の検診《けんしん》や、歯石《しせき》や歯《し》こうの除去など、虫歯の予防もする。

また、歯並びをきれいに整えるための治療や施術《せじゅつ》をおこなう、矯正歯科医もいる。いずれも非常に細かい作業なので、手先の器用さや根気が必要。

歯科医になるまで

大学の歯学部で6年間学び、国家試験に合格後、病院で1年ほど研修医を務めて、歯科医となる。

心の病気をいやす

精神科医

心の病気を治療《ちりょう》する医師。患者《かんじゃ》の話をていねいに聞いて診断《しんだん》し、治療方法を考える。臨床《りんしょう》心理士(→89ページ)と協力して、治療にあたることもある。

心の病から回復させるためには、周囲の支えも大切。患者の家族や地域の保健師(→87ページ)などと会い、必要なケアを説明して、バックアップする。

精神科医になるまで

医師免許《めんきょ》を取得後、研修医として2年間勤務する。ほかの科とくらべて、開業する人が多い。

心の病をあらゆる角度から診断《しんだん》する

心療内科医

ストレスなどの心理面の不調がきっかけで、体に症状《しょうじょう》が現れた患者《かんじゃ》の診察《しんさつ》や治療をするのが心療《しんりょう》内科医だ。

患者の話から、心の状態をくみとるとともに、適切な薬の処方をする、内科の専門的な知識も求められる。同じく心の病を専門とする精神科医と協力して治療にあたることもある。

心療内科医になるまで

医師免許《めんきょ》を取得して、研修医として2年間勤務する。病院で経験を積んだ後に開業する人が多い。

美を追求する人々に寄りそう

美容外科医

やけどのあとやあざが目立たなくなるように治療《ちりょう》をしたり、美容に関する相談を受けたり、整形手術をおこなったりする。ただ見た目を美しくするだけでなく、治療した部分が自然に機能するように、手術をする。

次々と新しい治療法が生みだされるため、技術をみがきつづける。

美容外科医になるまで

研修医として2年間勤務した後に、形成外科で研修し美容外科医《びようげかい》になる人が多い。

病気やけがをした人のケアをする

看護師

おもに病院ではたらき、患者《かんじゃ》の健康状態の確認や医師の診療《しんりょう》の補助、入院患者の世話をする。医師の指導のもと、注射や点滴《てんてき》などの処置もする。患者の病状は、いつ急変するかわからないので、交替《こうたい》で夜勤に入り、24時間体制で患者を見守る。

また、高齢《こうれい》化が進んでいるため、福祉施設《ふくししせつ》で利用者の健康管理をする看護師、家庭まで行って看護をする訪問看護師も増えている。重態の患者を担当したり人の死に立ち会ったりするときもある。患者やその家族の支えになるように接し、正確に仕事をこなしていく。

こんな君にぴったり

人の世話をするのが好き、体力がある、度胸がある

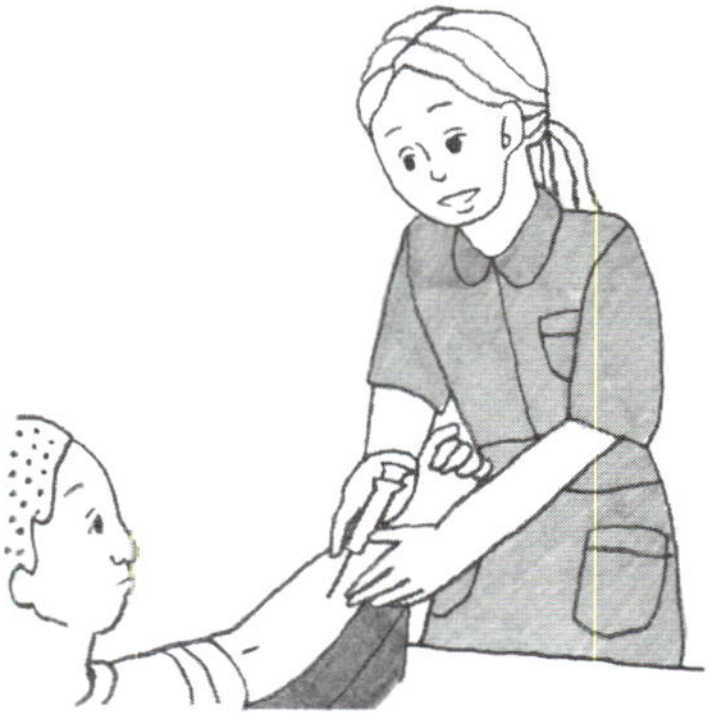

看護師になるまで

看護師養成課程のある大学・短期大学、専門学校のいずれかを卒業して、国家試験に合格する。また、准《じゅん》看護師の免許《めんきょ》を取得して、3年間はたらいたのち、看護師養成施設《しせつ》で2年間勉強して、国家試験を受ける道もある。

- 准看護師養成施設 → 准看護師国家資格取得 → 准看護士として勤務（3年間） → 看護師養成施設（2年間） → 看護師国家資格取得 → 看護師
- 大学・短大・専門学校（看護） → 看護師国家資格取得 → 看護師

けがや病気が治るまで

けがや病気をして病院に行くと、まずは**医師**（→82ページ）が診察《しんさつ》をおこなう。入院が必要か、通院で治療《ちりょう》をするか診断《しんだん》する。入院をすると、**看護師**（→86ページ）が毎日病室に来て、病状のチェックをする。病気やけがによって、治療法はさまざまで、たとえば、内臓の重い病気で、通常の治療では回復がむずかしい患者《かんじゃ》は、臓器移植を受けることもある。臓器提供者を見つけ、すみやかに手術をできるようにするのが**移植コーディネーター**だ。

病状が落ちつき、回復のきざしが見えてきたら、日常生活にもどるための訓練をする。**理学療《りょう》法《ほう》士《し》**（→92ページ）は、患者の体の状態を確認して歩行訓練などのリハビリ指導をする。**作業療法士**は、入浴や食事など日常の動作ができるように指導する。

病気が治ったあと、生活に復帰するまでどう過ごしていくか患者の相談にのるのが**医療《いりょう》ソーシャルワーカー**だ。すぐに家庭にもどるのがむずかしい患者には福祉施設を紹介《しょうかい》したり、経済的な不安をかかえる患者には医療費の補助制度などの案内をしたりする。退院したあとは、地域の保健相談所ではたらく**保健師**が患者のもとを訪ねて、健康や生活の相談にのる。

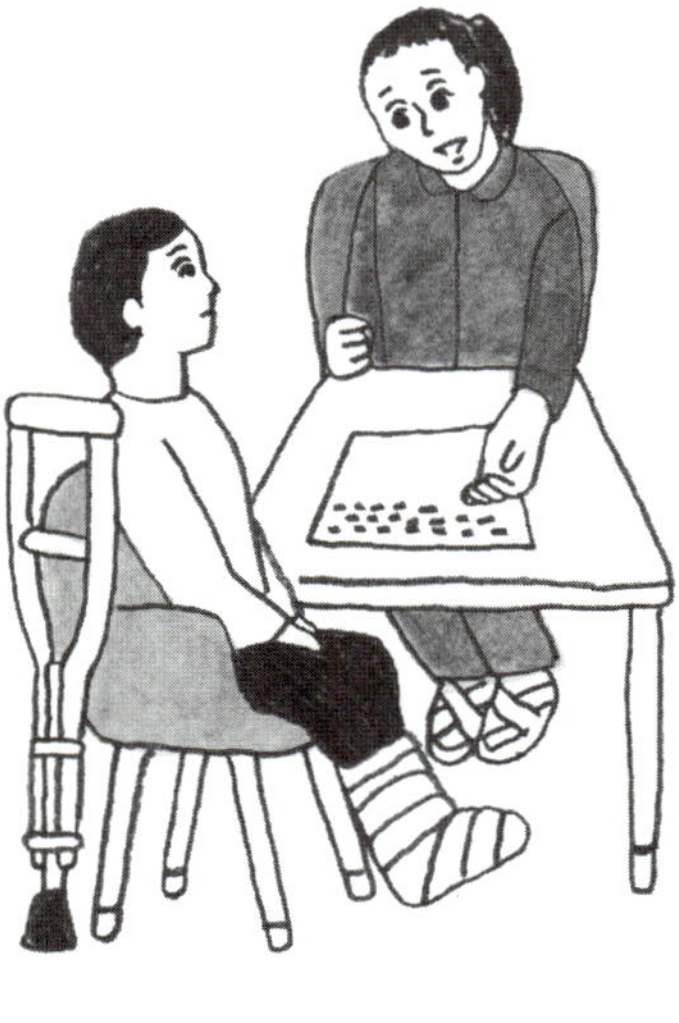

診断《しんだん》のもとになる検査をおこなう

臨床検査技師

血液や尿《にょう》を検査したり、心電図や脳波などを調べたりする仕事で、病院や検査を専門とする機関に勤める。臨床《りんしょう》検査技師が出した検査結果によって、医師は適切な治療《ちりょう》方針を立て、病気の診断をすることができる。

医学はつねに進歩し、新しい検査方法が採用されるようになっているので、勉強が欠かせない。超音波《ちょうおんぱ》検査技師の資格を取得して、専門性を高める人もいる。

臨床検査技師になるまで

高校卒業後、臨床検査技師の養成課程のある大学や専門学校で学び、国家試験に合格する必要がある。

こんな君にぴったり ミクロの世界に興味がある

赤ちゃんとお母さんの健康を守る

助産師

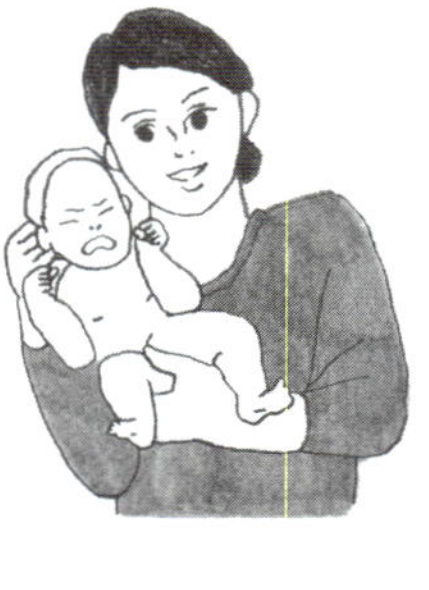

出産に立ち会い、介助《かいじょ》する仕事。妊娠《にんしん》中から妊婦《にんぷ》の検診《けんしん》をおこない、安全に出産をむかえられるようアドバイスする。出産のときは、生まれた子どもを一番にだきあげ、へその緒《お》を切って産湯《うぶゆ》で洗う。出産後には、母親の育児の相談にのって、子育てを手助けする。

勤務先は、病院の産科か助産院。病院では、看護師を兼務《けんむ》することが多い。経験を積み、助産院を開業することも。

助産師になるまで

看護師養成課程を修了《しゅうりょう》後、助産師養成施設《しせつ》で学び、さらに国家試験に合格する。日本ではまだ男性に受験資格はない。

こんな君にぴったり 女性を支える仕事に興味がある

悩《なや》みを聞いて、心をいやす

臨床心理士

臨床《りんしょう》心理士は、不安や悩《なや》みなど、心の問題をかかえた人の話を聞く、カウンセリングをおこなう。※ロールシャッハテストなどをおこなって、患者《かんじゃ》の精神鑑定《かんてい》をすることもある。

勤務先は、メンタルクリニックや自治体の相談機関、児童相談所など、さまざま。学校の相談室で子どもの相談にのるスクールカウンセラー、企業《きぎょう》で労働者の話を聞く産業カウンセラーとしてはたらく人もいる。

臨床心理士になるまで

大学院へすすみ、決められた科目を履修《りしゅう》する。卒業後、日本臨床心理士資格認定協会の試験に合格し、資格を取得する。

こんな君にぴったり 人の悩みや相談を親身になって聞ける

※紙についたインクが何に見えるか聞き、心理を判定するテスト。

音の力で人々に安らぎをあたえる

音楽療法士

音楽療法《りょうほう》士は、病院や福祉施設《ふくししせつ》で、体や精神に障がいのある人に音楽を聞かせたり、いっしょに楽器の演奏をしたりして、心と体の回復を手伝う仕事。楽器が演奏できることはもちろん、心理学や医学の知識も求められる。

最近では、老人ホームなどで、お年寄りの認知症《にんちしょう》予防につとめる人もいる。すでに福祉や医療《いりょう》の現場に勤める人が資格をとり、音楽療法士を兼《か》ねることが多い。

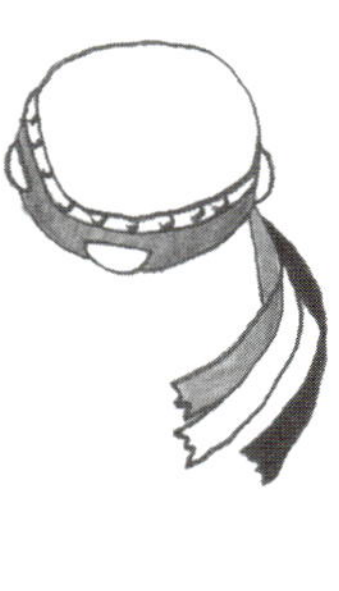

音楽療法士になるまで

国家資格はないが、日本音楽療法学会の認定大学で学び、学会の講座を受講後、試験に合格すると知識の証明となる。

こんな君にぴったり 音楽が好き、人を笑顔にしたい

人々の回復をうながす、薬の専門家

薬剤師

薬剤《やくざい》師は、医師が出した処方箋《しょほうせん》にしたがって薬を調合し、正しい飲み方を患者《かんじゃ》に指導し、薬の処方歴や飲み合わせを確認した上で、適切な薬を渡《わた》す。おもな職場は、調剤《ちょうざい》薬局や病院。病院ではたらく薬剤師は、患者に薬の副作用がないかを確かめ、医師に治療《ちりょう》の助言をすることもある。治療のかぎをにぎる薬をあつかう、責任の大きな仕事だ。

そのほか、ドラッグストアで薬を販売したり、製薬会社で新薬の開発に関わったりもする。また、学校の飲み水の安全性を確かめる、理科室や保健室の薬剤をチェックする、などをおこなう学校薬剤師もいる。

こんな君にぴったり

整理整とんが得意、理科・化学が好き、きちょうめん

薬剤師になるまで

高校卒業後、大学の薬学部に進んで、化学や病気、治療について6年間学ぶ。その後、薬剤師国家試験に合格しなければならない。

おもな就職先としては薬局や病院が多い。そのほかにも製薬会社や化粧《けしょう》品会社に就職し、新薬や商品開発の研究にたずさわる場合もある。

大学（薬学部・薬科大学）

↓

薬剤師国家資格取得

↓

薬剤師

適切な食事で人々をはぐくむ

管理栄養士

栄養と健康に関する深い知識をもった専門家で、さまざまな職場で活《かつ》躍《やく》している。病院では、病気やけがをした人が早く回復するように食事のプランを立てて栄養指導をおこなう。学校や福祉施設《ふくししせつ》や給食センターでは栄養バランスのとれた給食の献立《こんだて》を立て、調理の監督《かんとく》にあたる。調理場の衛生管理も管理栄養士の重要な仕事だ。

そのほか、食品会社で商品の開発にたずさわる人、フリーランスでスポーツ選手に栄養指導をする人もいる。どの職場でも栄養の専門家としてアドバイスすることが多いため、わかりやすく説明する力も必要だ。

こんな君にぴったり 食べ物の好ききらいがない、料理が好き、計算が得意

管理栄養士になるまで

栄養の専門家の資格は、栄養士と管理栄養士のふたつ。管理栄養士になるには、栄養士としてはたらいて、国家試験を受ける。管理栄養士養成課程で学ぶと、すぐに国家試験を受けることができる。

- 大学・短大・専門学校（栄養士養成課程）→ 栄養士 → 実務経験（1〜3年以上）→ 管理栄養士国家資格取得 → 管理栄養士
- 大学・専門学校（管理栄養士養成課程）→ 管理栄養士国家資格取得 → 管理栄養士

日常生活への復帰をアシスト

理学療法士

理学療法《りょうほう》士は、病気やけがで、体の機能が損なわれた患者《かんじゃ》の、リハビリを手助けする。病院、リハビリセンター、老人保健施設《しせつ》、特別支援《しえん》学校などではたらく。スポーツ選手のリハビリにたずさわる人もいる。

まずは、患者の体の状態や運動能力を見極《みきわ》め、日常生活で不便なく動けることをめざし、リハビリのプログラムをつくる。リハビリ中は、患者を見守り、どこまで機能が回復しているかを確かめて、プログラムの変更《へんこう》をしていく。なかなか成果が現れず、不安になった患者をはげますことも大切だ。患者の体を支えることもあるので、体力も求められる。

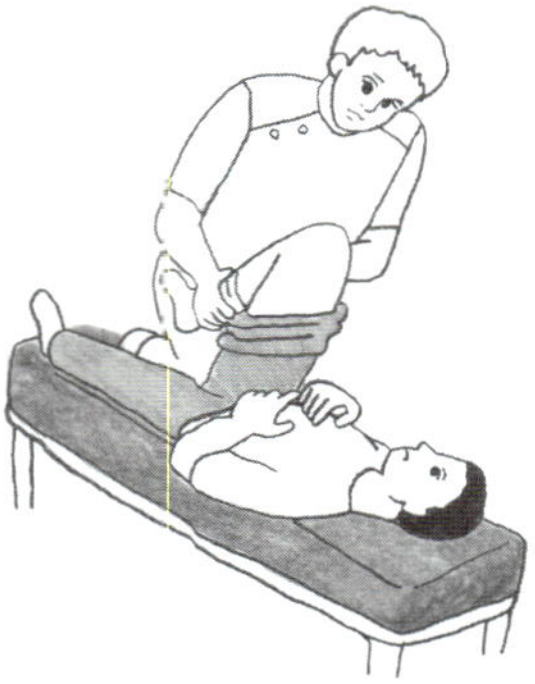

こんな君にぴったり

ねばり強い、人をはげますのが得意、スポーツが好き

理学療法士になるまで

理学療法士になるには、高校を卒業したあと、理学療法士養成課程がある学校で学ぶ必要がある。医学の基礎《きそ》や、運動学などについて学び、病院や施設での実習を経験する。こうして必要な科目を履《り》修《しゅう》した上で、国家試験に合格すると、理学療法士の免許《めんきょ》を取得することができる。

大学・短大・専門学校（理学療法士養成課程）

↓

理学療法士国家資格取得

↓

理学療法士

言葉を話す力・聞く力を養う

言語聴覚師

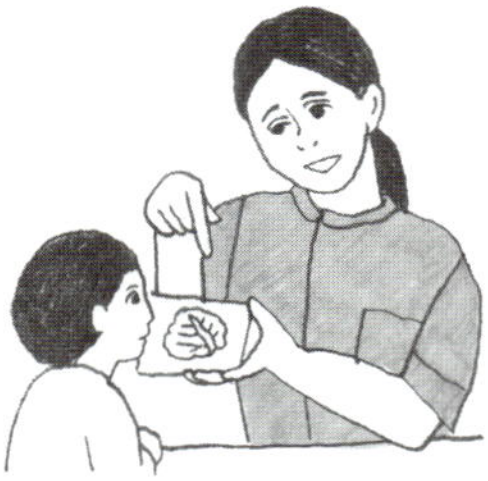

聴覚《ちょうかく》障がいや失語症《しつごしょう》などで、言葉をうまく口にできない人の訓練をする。「言葉を発したい」という気持ちをもちつづけられるよう、温かく接し、絵カードを見せて何が描《か》かれているか答えてもらうリハビリなどを地道におこなっていく。

そのほか、補聴器《ほちょうき》に慣れるための訓練や、老人保健施設《しせつ》などでかむ力、飲みこむ力をとりもどす訓練など、聴覚器官や口腔《こうくう》器官に関わる障がいについても手助けする。

言語聴覚士になるまで

言語聴覚士養成課程のある大学、短期大学、専門学校で学んだあと、国家試験に合格すると免許が取得できる。

こんな君にぴったり 気配りができる、人をはげますのが得意

「見る力」を高める専門職

視能訓練士

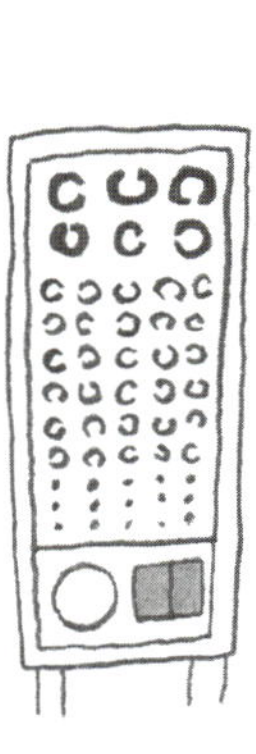

眼科で視力検査をおこない、医師の診療《しんりょう》のサポートをしたり、視力や「斜視《しゃし》」「弱視《じゃくし》」などを改善する訓練をしたりする仕事。

視能訓練士があつかう検査項目《こうもく》は、視力、視野、眼球運動など、30項目以上。そのなかから適切な検査をおこない、見えにくさの原因をつきとめる。改善するために、眼球を動かす訓練や、ルーペなどの補助器具の紹介《しょうかい》をおこなう。

視能訓練士になるまで

視能訓練士養成課程のある大学、専門学校で学んだあと、国家試験に合格する。総合病院の眼科がおもな職場だ。

こんな君にぴったり 論理的に物事を考えられる、きちょうめん

柔術を用いて人々をいやす
柔道整復師

ねんざや打撲、骨折などのけがや、腰痛などの痛みを治療する。同じような症状は整形外科医でも治療できるが、柔道整復師は柔術の治療法を用いるのが特徴。薬を使わず、マッサージやテーピングなどの方法で治す。症状をやわらげるための運動を指導することもある。腰痛、肩こりは生活習慣を変えることで改善することもある。患者がふだんどのように過ごしているか話をじっくりと聞き、アドバイスをすることで、改善に導くこともある。整骨院に勤めるほか、介護施設で運動の指導をおこなう人もいる。

こんな君にぴったり 体力がある、マッサージが得意、健康を守る仕事がしたい

柔道整復師になるまで

大学や短期大学、専門学校の柔道整復師養成課程で、決められた授業を履修したあと、国家試験に合格する必要がある。
養成課程では、医学、解剖学などについて学ぶほか、柔道の実習などもおこなう。体力を必要とする仕事だが、女性で活躍している人も多い。

```
大学・短大・専門学校
（柔道整復師養成課程）
      ↓
柔道整復師国家資格取得
      ↓
    柔道整復師
```

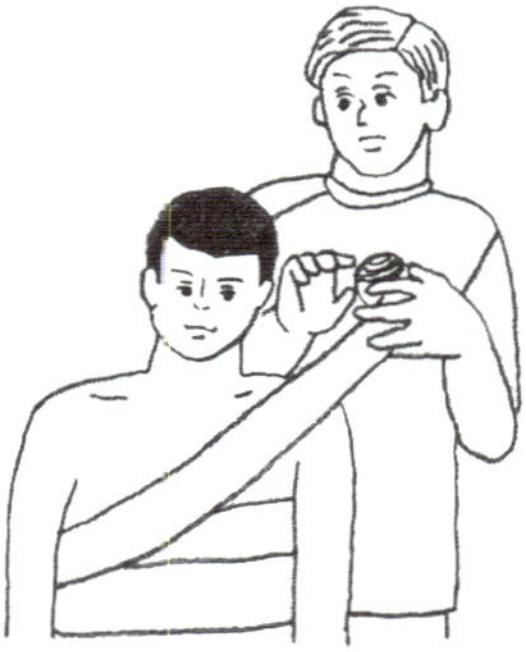

鍼灸師

「鍼《はり》」と「灸《きゅう》」で体をほぐす

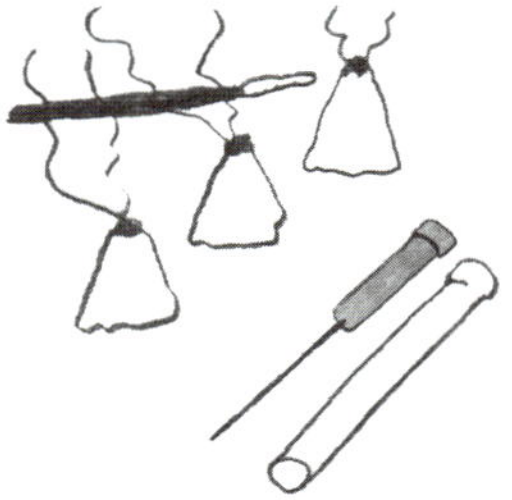

鍼灸師《しんきゅう》は、病気や体の痛みをかかえた人に、「鍼」や「灸」で施術《せじゅつ》をおこない、治療《ちりょう》する仕事。医師とちがって薬は使わず、つぼを刺激《しげき》することで人間が本来もっている自然治癒力《しぜんちゆりょく》を引きだし、症状を改善していく。

鍼と灸をあつかうには、それぞれ「鍼師《はり》」「灸師《きゅう》」という別々の免許《めんきょ》を取得する必要があり、鍼灸師はその両方をもっている。鍼灸院や整骨院に勤務するか、開業してはたらく。

鍼灸師になるまで

養成課程がある大学や専門学校で学び、国家試験に合格する。養成課程では、鍼と灸の勉強を同時にできることが多い。

こんな君にぴったり 手先が器用、健康を守る仕事がしたい

リフレクソロジスト

心地よいひとときを贈《おく》る

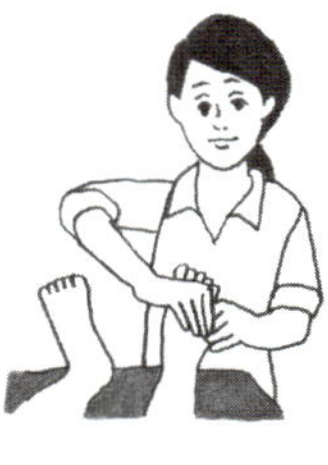

リフレクソロジストは、リフレクソロジーの技術を身につけたプロで、サロンでお客さんに施術《せじゅつ》をする。リフレクソロジーは足の裏や手のひらにある、「反射区」とよばれるポイントを刺激《しげき》して、体調を改善する療法《りょうほう》のことだ。

お客さんからどこが不調かをていねいに聞きとり、生活のアドバイスをするのも大切な仕事。整体や指圧などの勉強をして、施術をおこなうリフレクソロジストも多い。

リフレクソロジストになるまで

求人の応募《おうぼ》条件は、有資格者であることが多い。リフレクソロジーの講座を受けるなどして、民間資格を取得できる。

こんな君にぴったり 人をもてなすのが好き、マッサージが得意

介助《かいじょ》を必要とする人々の大きな支え

介護福祉士

介護福祉士《かいごふくし》は、お年寄りや身体的、精神的な障がいのある人など、ひとりで日常生活を送るのが困難な人の介護《かいご》をする仕事。食事、排泄《はいせつ》、入浴、着替《きが》えを手伝う。医療《いりょう》や栄養、心理の基本的な知識も身につけた専門職で、利用者の生活全体に目を配り、ほかの職種と連携《れんけい》しながら、利用者が生き生きとくらせるように支えていく。利用者の話し相手になったりレクリエーションの指導をしたりもする。

精神的にも肉体的にも負担は大きいが、多くの人々の役に立ち、今後も活躍《かつやく》が期待される仕事だ。

こんな君にぴったり 人が好き、思いやりがある、精神的にも肉体的にもタフ

介護福祉士になるまで

介護福祉士の国家試験を受験する。受験するには、まず福祉系の高校、専門学校、短期大学、大学の介護福祉士の養成課程を卒業する。無資格でも、介護現場ではたらくことは可能。実務経験を積んでから試験を受ける方法もある。

- 高校（福祉） → 介護福祉士国家資格取得 → 介護福祉士
- 大学・専門学校・短大（福祉） → 介護福祉士国家資格取得 → 介護福祉士
- 施設に就職 → 実務経験（3年） → 研修（半年） → 介護福祉士国家資格取得 → 介護福祉士

※介護福祉士の国家資格取得方法はたびたび改正されている。最新の情報を確認しよう。
http://www.sssc.or.jp/kaigo/shikaku/route.html

介護福祉士の現場

老人保健施設《しせつ》

利用者はお年寄り。利用者が日中だけ通ってくる通所型と利用者が居住している入所型がある。入所型の場合は交《こう》替《たい》で夜勤をして、24時間利用者を見守る。

身体障がい者養護施設

身体的な障がいがある人の施設。通所型と入所型があり、利用者の年齢《ねんれい》は幅《はば》広い。利用者といっしょに軽作業をおこなったり外出したりすることも多い。

これも介護福祉士の仕事

イベントの準備

施設では、ひな祭りやクリスマス会など季節のイベントや誕生会を開いている。介護福祉士がイベントの準備や誕生日のカードの作成をおこなうこともある。

介護福祉士のこれから

高齢社会《こうれいしゃかい》になり、ニーズが増える

日本は高齢社会に突入《とつにゅう》し、介護の現場はつねに人手不足に悩《なや》まされている。介護福祉士は今後ますます必要とされる職種になっていくだろう。資格をとればなおのことはたらき口には困らない。一方で介護福祉士は収入が低い職種ともいわれる。社会にとって必要な仕事であることから、待遇《たいぐう》改善を求める声が高まっている。今後に期待したい。

仕事データ

■1日の勤務時間

1日8時間勤務が原則だが、記録の作成やイベントの準備などを時間外におこなうことも多い。

■休日

入所型の施設はつねに利用者がいるため、土日や年末年始も交替で出勤している。

■関連する仕事

理学療法士（→92ページ）、ケアマネージャー（→98ページ）

必要な介護《かいご》サービスを組みたてる

ケアマネージャー

介護が必要になったお年寄りの自宅を訪問して相談にのり、必要な介護サービスが受けられるようにケアプランを立てる仕事。介護福祉士《かいごふくし》（→96ページ）やホームヘルパーとお年寄りをつなぐ窓口ともいえる。

サービスを開始したあともお年寄りのもとを訪ね、サービスに満足しているかどうかを聞きとる。居宅介護支援《しえん》事業所や地域包括《ほうかつ》センターなどがおもな職場だ。

ケアマネージャーになるまで

医療・福祉の有資格者で5年、無資格者なら10年の実務経験を積み、介護支援専門員実務研修受講試験を受ける。

こんな君にぴったり 予定を組みたてるのが得意

訪問して手厚いサポートをする

ホームヘルパー

お年寄りや身体的な障がいのある人の家を訪ね、生活の手伝いや介護《かいご》をおこなう仕事。そうじや洗濯《せんたく》、料理などを手助けする生活援助《せいかつえんじょ》、入浴やトイレ、着替《きが》えの介助《かいじょ》などをする身体介護《かいご》をおこなう。ただ身のまわりの世話をするのでなく、利用者の意思を確認しながら援助する。

おもに訪問介護事業所に登録してはたらく。資格がなくても登録できるが、身体介護をおこなう場合は資格が必要だ。

ホームヘルパーになるまで

企業《きぎょう》や自治体が実施《じっし》する介護職員初任者研修を受けて、試験に合格する。研修にはだれでも応募《おうぼ》できる。

こんな君にぴったり 人と話すのが好き、小さな変化に敏感《びんかん》

施設《しせつ》の利用者と職員の橋渡《はしわた》し役

生活相談員

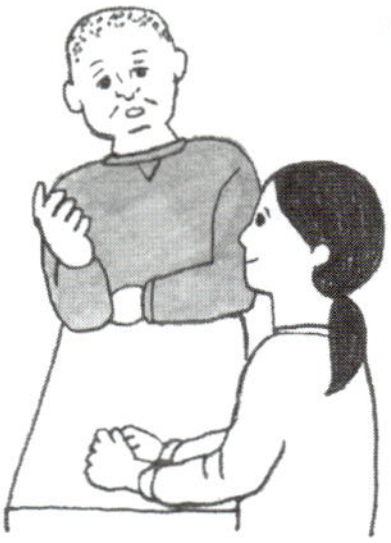

高齢者施設《こうれいしゃしせつ》や障がい者施設《しせつ》ではたらき、これから施設を利用したいと考える人や家族の相談にのる仕事。病歴や障がい、趣味《しゅみ》、生活習慣などを聞きとり、その人が楽しく快適に、施設で過ごせるようなプランを立て、介護福祉士《かいごふくし》（→96ページ）などの職員に伝える。

施設によっては、介護のサポートに入る場合もあるので、基礎的《きそてき》な介助《かいじょ》方法は身につけておきたい。

生活相談員になるまで

事業所の採用試験を受ける。社会福祉士や精神保健福祉士など、必要な資格は自治体によって異なる。

こんな君にぴったり 人の世話をするのが好き

手話でコミュニケーションをとりもつ

手話通訳士

手話を使って、耳が聞こえる人「健聴者《けんちょうしゃ》」と耳の聞こえない人「ろう者」の間で通訳をする仕事。話されている言葉を聞きとって、手話でろう者に伝えたり、ろう者の手話を見て、健聴者に話して伝えたりする。ただ言葉を伝えるだけではなく、表情や声色《こわいろ》を変えて、感情も表現する力が必要だ。

市区町村の福祉課《ふくしか》に手話通訳として登録し、役所や病院、裁判所など、さまざまな場所で活躍《かつやく》している。

手話通訳士になるまで

福祉系の学校などで手話を学び、手話通訳技能認定資格を取得する。手話の技術を認定する、民間の検定試験もある。

こんな君にぴったり 人の考えをくみとるのが得意

困っている人々の強い味方

ケースワーカー

市区町村の役所の職員としてはたらき、生活の困りごとがある人の相談にのるのが仕事だ。だれもが人間らしい生活を送れるように、生活保護などの支援《しえん》制度を紹介《しょうかい》し手続きする。支援が決まったあとも、訪問して近況《きんきょう》を聞き、状況《じょうきょう》に応じて自分で生活する力をつけられるようにアドバイスする。

市区町村の職員が配属されることが多いが、臨時職員としてケースワーカーを採用する自治体も増えている。

ケースワーカーになるまで

大学、短大で福祉系《ふくしけい》の科目を学び、社会福祉主事の資格を取得する。そして市区町村の職員になり福祉職を希望する。

こんな君にぴったり 人の悩《なや》みや心配ごとを、親身になって聞ける

子どもたちの明るい未来を守る

児童福祉司

児童福祉《ふくし》司は、問題をかかえる子どもとその家族の相談にのって解決をはかる。貧困《ひんこん》によりじゅうぶんな養育を受けられない、不登校や自閉症《じへいしょう》に悩《なや》んでいる、虐待《ぎゃくたい》を受けているなど、問題はさまざま。子どもの命に危険がある場合には、すぐに児童相談所の一時保護所に入れるよう手続きする。

子どもだけでなく、親のサポートも大切だ。しつけの相談にのったり、子育てについての講演会をおこなったりする。

児童福祉司になるまで

大学で必要な科目を学び、1年間実務経験を積むなどして、児童福祉司の任用資格を得て、各地方自治体の採用を受ける。

こんな君にぴったり 正義感が強い、子どもが好き

6章

人を教え育てる仕事

6歳《さい》から12歳の子どもたちをはぐくむ

小学校教諭

小学校教諭《きょうゆ》は小学校で、国語や算数などの教科科目を教えるかたわら、日々のホームルームや給食、そうじの時間を通して生活指導をして、児童をはぐくんでいく。

人格形成時期の子どもが、1日のうちの長い時間をいっしょに過ごす大人であるため、一人ひとりの子どもに親身に接する姿勢が求められる。また、PTA《ピーティーエー》活動など、親と関わってまとめていく場面も多い。非常に責任と負担の大きな仕事ではあるが、子どもの変化を身近に感じることができる、やりがいの大きな仕事だ。

こんな君にぴったり 学校が好き、どの科目も好き、リーダーシップがある

小学校教諭になるまで

大学・短期大学の小学校教員養成課程で学び、教員免許《めんきょ》を取得する。その後、自治体がおこなう教員採用試験を受験する。私立の小学校の教員を希望する場合には、その学校の試験を受験する。合格したあと、小学校教諭として教壇《きょうだん》に立つことができる。

大学・短大・大学院
（教員養成課程）
↓
小学校教員免許取得
↓
教員採用試験合格
↓
小学校教諭

小学校教諭の現場

学校の周辺

登下校の指導など、学区内でくらす大人の協力を得ることが多い。日ごろから地域の人々とよく連携《れんけい》し、気になる子がいたら見守りをお願いするのも大切な仕事だ。

私立小学校

私立小学校は、学校によって独自の教育方針を掲《かか》げている。学校の方針にそって、授業や課外授業をおこなう。授業時間も公立小学校より長いことが多い。

これも小学校教師の仕事

給食の検食

給食の出る学校では、校長先生ができあがった給食を試食する「検食」をおこなう。給食に異常がないか確認してから、それぞれのクラスに届けられる。

小学校教諭のこれから

教員以外の人とも協力してはたらく

いじめや不登校など、学校ではさまざまな問題が起きている。教員ひとりでは対応しきれない、深刻なケースも増えていることから、スクールカウンセラーや養護教諭《きょうゆ》などほかの職種と連携し、解決にあたっていく必要があるだろう。近年では、ひとつのクラスをふたりで担任するチームティーチングを採用する学校も増えている。

仕事データ

■ **1日の勤務時間**
授業のほかにも職員会議や翌日の授業の準備、テストの採点がある。家に仕事をもちかえることも多い。

■ **休日**
日曜日と授業のない土曜日は休み。児童が夏休みの間も研修があり、週5日程度出勤することが多い。

■ **関連する仕事**
中学校教諭（→104ページ）、臨床《りんしょう》心理士（→89ページ）

多感な時期の生徒たちをサポート

中学校教諭

中学校教諭《きょうゆ》は、専門の教科の指導にあたるほか、担任のクラスの指導や部活動の指導にあたる。中学生の生徒は、多感で悩《なや》みの多い時期。いじめなどの問題を未然に防ぐために、生徒の変化を敏感《びんかん》に感じとり、声をかけていく必要がある。

3年生のクラスを担任する場合には、進路のアドバイスも大事な役目だ。義務教育を終えたあとの生徒たちの、自己実現に向けて、相談にのるなどしてバックアップしていく。

中学校教諭になるまで

大学の中学校教諭養成課程で学んで、教員免許《めんきょ》を取得し、自治体や私立の学校がおこなう教員採用試験に合格する。

こんな君にぴったり

得意な科目がある、人と話すのが好き

大人へと成長していく生徒たちを見守る

高校教諭

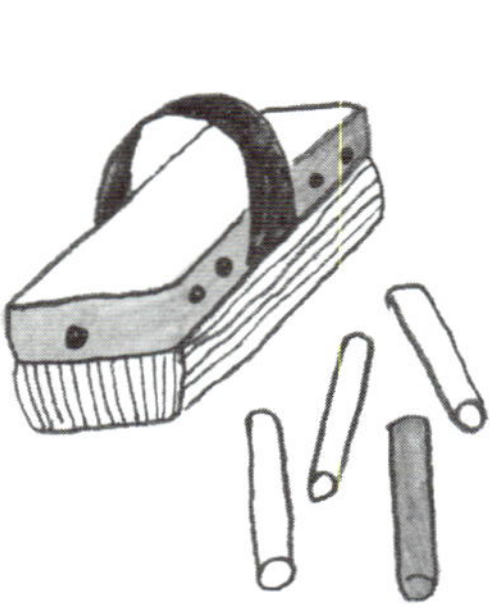

高校教諭《きょうゆ》は、専門の教科の指導と、担任を務めるクラスや部活動での指導をおこなう。

高校は、学校によってさまざまな校風をもつため、教師に求められる役割も異なる。就職する生徒が多い学校であれば、企業《きぎょう》や職業安定所とのパイプづくりをしたり、生徒に社会人としてのマナーを指導したりする。進学校であれば、教科の指導に力を入れて、受験対策に取りくんでいく。

高校教諭になるまで

大学の高校教諭養成課程で学び教員免許《めんきょ》を取得した上で、自治体や私立の学校がおこなう教員採用試験に合格する。

こんな君にぴったり

得意な科目がある、人に教えるのが得意

「教える」以外の教師の仕事

教師は、児童や生徒を教え、はぐくむことのほかにも、学校を運営していくための仕事をしている。「教務部」「進路部」など、さまざまな役割があり、**校長先生**を中心として、その学校に所属する教員が役割分担をして、仕事にあたる。

　学校を運営するための仕事というのは、学校行事の日程、生徒の名簿《めいぼ》、全クラスの時間割などを決めること。行事では、プログラムを決めて進行を確認したり、会場の準備をすすめたりする。ＰＴＡ《ピーティーエー》や地域の民生委員に連絡《れんらく》をとり、出席のお願いをする。

　遠足や修学旅行の前には現地へ下見に行き、子どもたちが安全に活動できるようなコースを作成しなければならない。年に数回おこなう避難《ひなん》訓練や交通安全指導では、消防署や警察署に講師の依頼《いらい》をすることもある。家庭への配布資料や学級通信の作成、学校のホームページの更新《こうしん》も大切な仕事だ。保護者との情報共有もおこない、もし虐待《ぎゃくたい》の疑いがある子どもがいたときには、すぐに**児童福祉《ふくし》司**（→100ページ）らに連絡《れんらく》をとり、情報を提供する。

　さらに、部活動の指導も大切な仕事だ。土日に大会があれば生徒を引率することもある。授業がない夏休みの間には、研修に参加したりもする。

専門分野を教え、一生をかけて深める

大学教授

大学で自分の研究分野について研究を続け、あきらかになったことを論文にまとめて学会で発表する。また、学生に講義をしたり、大学の運営についてほかの教授と話し合ったりする。

大学教授は、その分野について高い知識をもっていることが前提。そのため、政府や自治体、企業《きぎょう》から重要な話し合いの場面で有識者として意見を求められることもある。好きな研究を続けることができて、社会的地位も高い仕事だが、長い下積みが欠かせない。少子化の影響《えいきょう》によって大学教授のポストは減少傾向《けいこう》にあり、せまき門となっている。

こんな君にぴったり

得意な科目がある、好きなことにはのめりこむ

大学教授になるまで

大学から大学院に進み、5年かけて研究をすすめて、論文を執筆《しっぴつ》し、「修士」「博士《はくし》」の学位をとる。その後、助手として大学に就職し、はたらきながら研究を続け、経験を積みステップアップする。功績を認められると教授になる。

企業の研究員や作家などが、大学に招かれて教授になることも。

大学院（博士課程）
↓
助手
↓
助教
↓
講師
↓
准《じゅん》教授
↓
大学教授

小学校入学前の子どもをはぐくむ

幼稚園教諭

幼稚園教諭《ようちえんきょうゆ》の仕事は、満3歳《さい》から小学校に入学するまでの子どもを教育すること。1日に4～5時間程度、子どもを預かって、音楽、運動、遊戯《ゆうぎ》、工作、文字の学習などの指導をしたり、集団遊びをしたりする。

最近では英会話の授業をとりいれるなど、特色のある教育活動をおこなう幼稚園も増えている。子どもがいかに楽しく学べるかは、幼稚園教諭の腕《うで》にかかっている。

幼稚園教諭になるまで

大学、短期大学、専門学校の幼稚園教諭養成課程で学び、幼稚園教諭免許《めんきょ》を取得したのち、幼稚園の採用試験を受ける。

こんな君にぴったり 子どもが好き、人に教えるのが得意

子どもたちの身のまわりの世話をする

保育士

1歳《さい》未満の乳児から5歳までの子どもを預かり、食事や排泄《はいせつ》といった基本的な生活習慣が身につくように指導し、さまざまな遊びを通して、すこやかな心がはぐくまれるようにはたらきかける。おもな職場は保育園だが、そのほか企業《きぎょう》や病院のなかの保育所ではたらくことも。女性の社会進出によって、保育園の利用希望者が増えても、保育士の待遇《たいぐう》は変わらないため、改善を求める動きが出てきている。

保育士になるまで

高校卒業後、保育士養成課程のある大学・専門学校などで学んだあと、保育士の国家試験に合格して資格を取得する。

こんな君にぴったり 子どもが好き、人の世話をするのが好き

障がいをもつ子どもたちをサポート

特別支援学校教諭

特別支援《しえん》学校教諭《きょうゆ》は、体や知能に障がいのある児童や生徒が通う、ろう学校や盲《もう》学校、養護学校などの特別支援学校で指導をおこなう。児童・生徒、それぞれの特性を理解した上で、個々の力を最大限に引きだせるように、カリキュラムを作成し、指導にあたる。

高等部では社会のマナーを教えたり、職業訓練をおこなったりして、卒業後に適した仕事につけるようにサポートをする。障がいに対する理解と、柔軟《じゅうなん》に対応する姿勢が求められる。また児童や生徒の家族からの相談にのることも多い。

こんな君にぴったり

福祉《ふくし》の仕事をしたい、人と話すのが好き、気配りができる

特別支援学校教諭になるまで

大学、短期大学の教員養成課程で学び、小、中、高いずれかの教員免許《めんきょ》を取得する。さらに大学の特別支援教諭養成課程でも学んでおいたほうがよい。採用試験は特別支援教諭の試験科目で受験する。自治体によっては普通教諭の試験に合格したあと、特別支援学校に配属される場合もある。

大学・短大
（教員養成課程
特別支援教育専攻）

↓

特別支援学校
教員免許取得

↓

教員採用試験合格

↓

特別支援学校教諭

すべての子どもを、温かくむかえいれる

フリースクール講師

学校になじめない子どもが、学校に代わる学び場として通う場所がフリースクールだ。通ってくる子どもは、集団行動や勉強が苦手、発達障がいがあるなど、さまざまな悩《なや》みをかかえている。フリースクール講師は、子どもたち一人ひとりに寄りそって、居心地のよい場所づくりをしながら、楽しい学びの機会を提供する。既成《きせい》の枠《わく》にとらわれない自由な発想と実行力が必要な仕事といえるだろう。

フリースクール講師になるまで

フリースクールの運営団体に就職する。最初はボランティアとして関わり、それから職員となるケースが多い。

こんな君にぴったり 人の支えになりたい、人と話すのが好き

目標に合わせて勉強を教える

塾講師

塾《じゅく》で子どもたちに勉強を教える仕事。塾によって教える児童や生徒の年齢層《ねんれいそう》や授業の形式、内容は異なる。集団で授業をおこなう場合もあれば、個別で一人ひとりに合った授業をすることもある。また、学校の教科書にそって、基本的な学習をていねいに教える塾もあれば、早いうちから受験を見すえてレベルの高い授業をおこなう塾もある。どんな塾講師になりたいか考え、職場を選ぶといいだろう。

塾講師になるまで

塾を経営している会社に就職する。大学の教員養成課程で学んでおくと役に立つ。

こんな君にぴったり 得意な科目がある、計画を立てるのが得意

学芸員

文化財を保護・研究し、価値を世の中に広める

美術館や博物館などの文化施設《しせつ》で、美術品や資料を集めて整理し、展示をおこなう仕事。美術や歴史、文化など、その施設《しせつ》であつかう文化財や資料について深い知識がなければならない。

展示をおこなうときには、どんな展示にするか企画《きかく》し、作品を決め、会場に作品を展示して当日お客さんをむかえいれるまで、学芸員が中心となってすすめる。こうした仕事のうらで、美術品や資料の研究をおこない、論文にまとめる。博物館法に定められている施設が職場となり、美術館、博物館のほか科学館や水族館ではたらく学芸員もいる。

こんな君にぴったり

絵画やアートが好き、好きなことにはのめりこむ

学芸員になるまで

大学で決められた科目を学ぶと、卒業時に学芸員の資格を取得できる。その後はたらきたい施設の求人に応募《おうぼ》して、学芸員となる。また、2年以上教職を経験した教職免許《めんきょ》取得者などは、認定試験を受け、資格を得ることができる。

大学（博物館に関する科目を履修） → 学芸員資格取得

2年以上教職を経験するなど → 学芸員資格認定試験 → 学芸員資格取得

学芸員資格取得 → 学芸員

美術館の展示ができるまで

美術館の展覧会は、**学芸員**（→110ページ）を中心に、さまざまな人が関わってつくられる。まず美術館の職員が集まって、展示のテーマを決める。テーマが決まったら、展示したい美術品を決めていく。美術品は、美術館でもっているものを展示することもあれば、**美術家**やほかの美術館に借りることもある。借りる場合は、期間やかかる費用について交渉《こうしょう》し、展示のときの注意点をよく聞いて、展示物を集める。

展示する美術品が決まったら、会場にどのように展示するかを決めていく。大きな美術館では**空間デザイナー**に任せることが多い。展覧会に欠かせない作品の解説文やパンフレットは、学芸員が書いたり、編集したりする。

開催日《かいさいび》が近づくと、**広報**の担当者がポスターやチラシをつくって、**新聞記者**（→216ページ）や雑誌の**編集者**（→212ページ）に案内を送り、広く世間に知らせる。

展覧会が開かれると、**展覧会スタッフ**がチケットを販売《はんばい》したり、来場者の対応をしたりする。会期中は、作品の魅力《みりょく》をより深く知ってもらうため、学芸員が来場者に向けて講義やワークショップをおこなうこともある。

本で、人々に知る楽しみをあたえる

司書

公共図書館や学校図書館で、資料の貸し出しや返却《へんきゃく》作業をおこなうほか、来館者のリクエストに応じた資料の取りよせ、利用者の調べ物を手伝うレファレンス業務、新しく購入《こうにゅう》する書籍《しょせき》の選定などをおこなう。大量の資料の分類や検索《けんさく》をおこなう、知識と根気が必要な仕事だ。

最近ではどの図書館でも検索《けんさく》機が普及《ふきゅう》しているが、それらを使いなれていないお年寄りなどの要望を聞き、かわりに資料を探すこともある。また、子どもたちに読み聞かせやおはなし会を開くこともある。地域の人が本に親しめるよう、さまざまな工夫をこらしている。

こんな君にぴったり

本が好き、整理整とんが得意、調べ物が得意

司書になるまで

大学で司書課程の授業を受けて、司書資格を取得する。また一般《いっぱん》の大学、短期大学、専門学校を卒業するか、高校卒業後、司書補として3年間はたらくと司書講習を受けて資格が取得できる。司書になるには、地方公務員になって図書館に勤める道と、図書館業務委託《いたく》会社に就職する道がある。

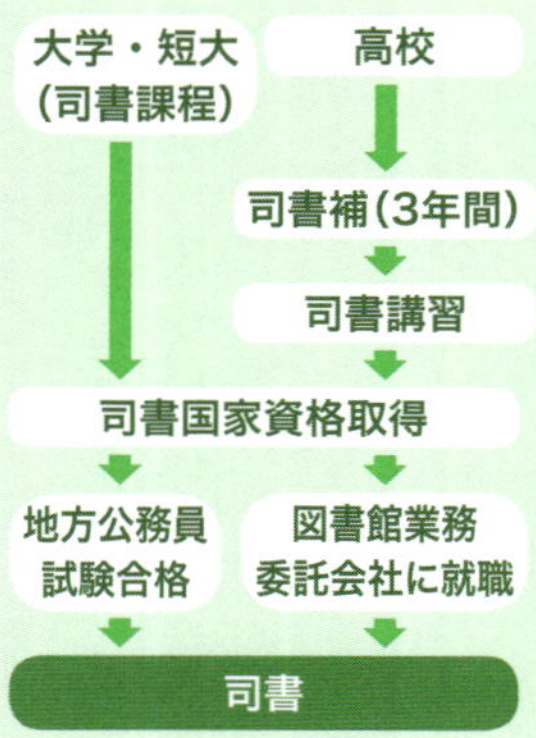

7章

生き物や自然と関わる仕事

動物の生命と健康を守る

獣医師

獣《じゅう》医《い》師は、動物の健康を守るため、さまざまな分野で活躍《かつやく》している。身近なところでは、動物病院での診療《しんりょう》だ。動物は、症状《しょうじょう》について説明することはできないので、飼い主の話をよく聞き、動物のようすを見て診断《しんだん》をくだす。さらに動物によって体の機能は異なるので、いろいろな動物の診察《しんさつ》ができるように知識や技術を深める必要がある。

獣医の仕事には、こうした治療《ちりょう》のほかに、家畜《かちく》の病気の診断や予防、肉類や魚介《ぎょかい》類などの食品の検査などがある。数は少ないが、動物園に勤めて、飼育動物の健康管理をする獣医師もいる。

こんな君にぴったり 動物が好き、動物を守る仕事がしたい、観察力がある

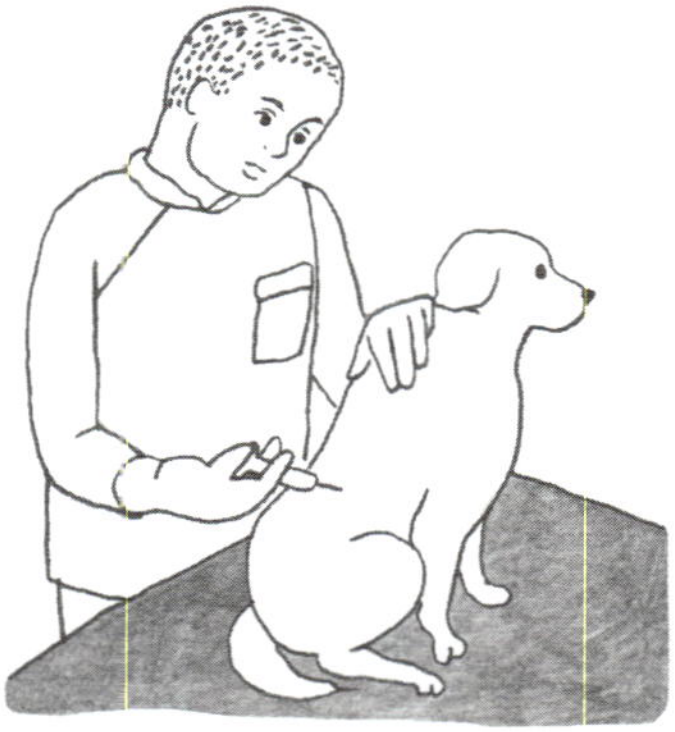

獣医師になるまで

獣医師として仕事をするには、国家試験に合格し、免許《めんきょ》を得る必要がある。受験資格は、大学の6年制の獣医学部を卒業していること。資格を得たら、動物病院、家畜診療所、家畜の伝染《でんせん》病予防などに関わる公務員、薬品や食品会社などの採用試験を受けてはたらく。

大学（獣医学部・6年間）
↓
獣医師国家資格取得
↓
獣医師

獣医師の現場

動物検疫《けんえき》所

海外からやってきた動物によって伝染《でんせん》病がもちこまれるのを防ぐために、輸入された動物を検査する。「家畜防疫《かちくぼうえき》官《かん》」とよばれ、農林水産省の試験を受けて就職する。

野生動物救護センター

傷ついたり、病気にかかったりした動物を治療し、野生に返すことも大切な仕事。開業医が、各自治体にある救護センターの要請で治療にあたる場合が多い。

これも獣医師の仕事

家畜の品種改良

人々の食卓《しょくたく》にのぼる牛や豚などの家畜の品種改良をする。育てやすく病気にかかりにくく、よりおいしく栄養が多くなるようにと、改良を重ねていく。

獣医師のこれから

ペットの高齢《こうれい》化や、伝染病対策に対応

食生活や技術の進歩によって、人間と同様にペットも高齢化し、ガンなどの病気にかかることも。ペットを家族と考え、できるだけの治療を願う人たちのために、より高度な医療や食品、薬品などの開発が求められるだろう。鳥インフルエンザや牛の口蹄疫《こうていえき》など、人のくらしに大きな影響《えいきょう》をあたえる家畜の伝染病を防ぐことも大切だ。

仕事データ

■1日の勤務時間

動物の病気は、いつ起きるかわからない。急患《きゅうかん》や入院動物の体調管理などで、長時間労働になることもある。

■休日

動物病院では土日の患畜《かんちく》も多い。院内では、ローテーションを組んで、休日をつくる。

■関連する仕事

トリマー（→116ページ）、動物看護師（→118ページ）

犬や猫《ねこ》を美しく健康に

トリマー

ペットサロンなどで、犬や猫の全身を手入れする仕事《しごと》。全身をシャンプーしたり、のびすぎた毛を刈《か》って整えたりする。見た目に美しくカットするだけでなく、病気を防ぐために衛生面にも気を配って、耳そうじや爪《つめ》きりなどもおこない、ペットを清潔にする。

ペットの種類によって、毛の長さや質はさまざま。トリマーには、どんなペットにも対応できるような技術が求められる。また、トリミング中にペットの体に触《ふ》れることで、病気を早期に発見することも。動物の医療《いりょう》に関する基礎的な知識も求められるのだ。

こんな君にぴったり 動物が好き、手先が器用、流行に敏感

トリマーになるまで

資格は必要ないが、トリマーの専門学校で学んだり、通信講座などを受けたりして技術を身につけ就職する。

ジャパンケンネルクラブ公認のトリマーの資格などをもっていたほうが就職しやすく、お客さんから信頼《しんらい》も得られる。経験を積み、独立してサロンを開く人もいる。

高校
↓
専門学校（トリマー）
↓
ペットサロンに就職
↓
トリマー

トリマーの現場

ペットのいる家

家を訪問してトリミングをおこなう、出張トリマーもいる。環境《かんきょう》が変わらないので、ペットはストレスなくトリミングを受けることができる。

ペットショップ

トリマーのいるペットショップもある。トリミングのほかに、動物の世話や健康管理、ペット商品の販売《はんばい》などもすることが多い。

これもトリマーの仕事

ドッグショー

健康で美しい犬を選びだす「ドッグショー」に出場する犬の毛のトリミングをすることもある。

トリミングによって、犬をより美しく見せる。

トリマーのこれから

ニーズはさらに高まっていく

ペットの美容や健康を考える人が増えているので、トリマーの役割は今後も重要になっていくだろう。ペットブームといわれるなか、ウサギやモルモットのトリミングを求める人もいる。さまざまな動物のあつかい方を学ぶ必要がある。また、ペットの健康と美容をいっしょにケアできる、動物病院でのトリマーの活躍《かつやく》の場が増える可能性もある。

仕事データ

■1日の勤務時間
サロンやショップの営業時間に合わせ8時間程度のことが多い。立って作業する時間が長く、体力が必要。

■休日
サービス業なので、土日に出勤することも多い。店内でローテーションを組んで休みをとる。

■関連する仕事
獣医師《じゅういし》（→114ページ）、動物看護師（→118ページ）

獣医師《じゅういし》とともに動物を守る

動物看護師

動物病院で看護師としてはたらく。器具の消毒や準備、動物の体温の測定や血液などの検査、薬の準備などをする。診療《しんりょう》に立ちあって、動物がいやがって動くときには、なだめながらだきこむ「保定《ほてい》」などをする。さらに、入院施設《しせつ》のある病院では、世話や健康管理もおこなう。

飼い主からの相談にのって不安をとりのぞいたり、健康管理についてのアドバイスや薬の説明をしたりして、信頼《しんらい》を得ながら、動物たちの治《ち》療《りょう》を見守る。病院によっては、受付や会計、カルテの管理など病院の運営業務を任されることも多く、仕事の幅《はば》は広い。

こんな君にぴったり

動物が好き、人と話すのが好き、きちょうめん

動物看護師になるまで

必須《ひっす》の資格はないが、日本動物看護職協会などの団体が統一して認定している「認定動物看護師」の資格を取得して就職するのが一般的《いっぱんてき》。２０１２年に誕生した資格で、今後公的な必須資格になる可能性もある。

受験するには、動物看護のカリキュラムがある大学や専門学校で学び、受験に必要な単位を修める。

高校・大学・専門学校（動物看護）
↓
認定動物看護師試験
↓
動物病院などに就職
↓
動物看護師

動物のケアをする人たち

ペットの動物に関わる人には、けがや病気の診療《しんりょう》をする**獣医師**（↓114ページ）や**動物看護師**（↓118ページ）、カットやシャンプーなど全身の手入れをする**トリマー**（↓116ページ）がいる。そのほか、飼い主が短い期間ペットの世話ができないときに、えさやりや散歩などの世話をする**ペットシッター**、介護《かいご》が必要な高齢《こうれい》の動物の世話をする**動物介護士**もいる。

また、家畜《かちく》のケアに関わる人々も多くいる。家畜の健康状態を診察する獣医師、牛の蹄《ひづめ》をけずって整える**削蹄《さくてい》師**などだ。牛舎で飼われている牛は、運動不足のために自然に蹄がけずれず、のびたままになり、病気を引きおこすこともある。そこで、削蹄師が、定期的に蹄をけずってケアする。

さらに、人々を楽しませる動物たちをケアする仕事もある。競走馬を育てる厩舎《きゅうしゃ》では、馬の世話をする**厩務《きゅうむ》員**、競走馬に育てる**競馬調教師**（↓185ページ）、馬の蹄を守るために蹄鉄《ていてつ》をつける**装蹄《そうてい》師**などがはたらいている。**動物園ではたらく**（↓121ページ）人や**水族館ではたらく**（↓122ページ）人のなかには、**飼育員**や**動物トレーナー**（↓123ページ）として動物たちの世話をする人もいる。

視覚障がい者のパートナー、盲導犬《もうどうけん》を育てる

盲導犬歩行指導員

盲導犬候補の犬たち（候補犬）の世話をして、訓練をほどこし、盲導犬に育ててあげる。候補犬が、段差や交差点を知らせることなどができるようしつけて、にぎやかな場所や電車のなかなど、どんな場所でも役目を果たせるようにする。

盲導犬と利用者がなじむための共同訓練も、大切な仕事。利用者に、命令の出し方やほめ方、世話の仕方などを教えて、支障なく日常生活が送れるように、サポートする。

盲導犬歩行指導員になるまで

全国に11団体ある盲導犬育成団体の職員になり、3年間の研修を経て※訓練士に、さらに2年間経験を積み歩行指導員に。

こんな君にぴったり 犬が好き、人に教えるのが得意

※訓練士は候補犬の訓練のみをおこなう。

動物との触《ふ》れあいで人の心や体を治療《ちりょう》する

アニマルセラピスト

動物との触れあいには、人の心を和《なご》ませたり、落ちつかせたりする効果がある。この効果を心のケアに生かす「動物介《かい》在療法《ざいりょうほう》」をおこなうのが、アニマルセラピストだ。

アニマルセラピーには犬が使われることが多い。セラピストは、犬のしつけをして、療法のプログラムを考える。犬のほかにも、イルカといっしょに泳ぐ治療《ちりょう》法などの効果が証明され、今後が期待される仕事だ。

アニマルセラピストになるまで

専門学校などで学び、民間の資格を得て、医療機関《いりょうきかん》や介護《かいご》施設《しせつ》などに就職。ただし、専門職としての採用はまだ難しい。

こんな君にぴったり 動物が好き、人の世話をするのが好き

動物たちの姿を人々に伝える

動物園ではたらく

動物園では、動物のえさやりや世話をする飼育員、健康管理をする獣《じゅう》医《い》師（→114ページ）、チケット販売《はんばい》やショップで接客するスタッフ、園内のガイドスタッフ、経理や総務、広報といった人がはたらいている。

近年、野生と同じ環境《かんきょう》のなかで飼育する「生態展示」や、どんな行動をとっているのかを見せる「行動展示」をする動物園が増えている。展示に関わるスタッフは、動物の生態を理解して展示方法を考える。また、ほかの動物園と連携《れんけい》して、動物を交換《こうかん》したり、貸し出したりして、繁殖《はんしょく》もさせる。動物園での繁殖活動は、絶滅危惧《きぐ》種の保護にもつながる。

こんな君にぴったり

動物が好き、人や動物の行動に興味がある、体力がある

動物園ではたらくまで

民間の動物園では、園の採用試験を受験する。希望者が多く採用が少ない飼育員をめざす場合は、専門学校や大学で獣医学、畜産《ちくさん》などを学ぶ。公立の動物園の場合は、都道府県や市区町村の公務員試験を受験するが、専門職として設定されていない自治体では、動物園の仕事につけるとは限らない。

〈公立動物園の場合〉

高校
↓
大学・専門学校
↓
公務員採用試験
↓
動物園に配属
↓
動物園ではたらく

水辺の生き物の魅力《みりょく》を伝える

水族館ではたらく

水族館では、動物園と同じように、魚や海の動物たちの世話をする飼育員や、ショップのスタッフ、ガイドスタッフ、総務、経理、広報などの職員がはたらいている。

水辺の生き物が快適に過ごせるようにするには、水の管理が特に大切だ。そのため、アクアリウム技術者とよばれる、生き物にとってちょうどいい水質や環境《かんきょう》を整える、専門の職員もいる。伝染《でんせん》病や寄生虫が発生すると、水槽《すいそう》内の生き物にいっせいに広がる危険があるので、獣医《じゅうい》師（→114ページ）とともにすぐに対策を立てる。

こんな君にぴったり

魚や海の生き物が好き、泳ぐのが得意

水族館ではたらくまで

動物園に就職する場合と同じで民間の場合は水族館の採用試験、公立の場合は公務員採用試験を受験する。ダイビングや潜水《せんすい》士の免《めん》許《きょ》もあるとよい。採用は少なく、せまき門だ。

アクアリウム技術者をめざす場合は、大学などで水産関係の知識を学ぶ。

〈公立水族館の場合〉

- 高校
- ↓ 大学・専門学校
- ↓ 公務員採用試験
- ↓ 水族館に配属
- ↓ 水族館ではたらく

動物が主役のショーをつくる

動物トレーナー

動物の習性を生かしたショーをつくりあげて、披露《ひろう》する仕事だ。動物の世話をして信頼《しんらい》関係を築き、トレーニングを重ねて、パフォーマンスを仕上げていく。水族館でのイルカやアシカのショー、フライングディスクなどを使ったドッグショー、タカやフクロウの飛ぶ姿を見せるバードショーなど、動物によって特徴《とくちょう》や世話の仕方、トレーニング法などは異なるが、動物に対する知識と理解、時間をかけてトレーニングする忍《にん》耐《たい》力が求められる。ショー以外に、ペットの犬に、人とくらすために必要なルールを身につけさせるドッグトレーナーもいる。

こんな君にぴったり

動物が好き、状況《じょうきょう》を判断する力がある、目立つのが好き

動物トレーナーになるまで

専門学校や大学で動物について学んでおくと、実務に生かされるだろう。動物園、水族館、動物プロダクションやペットパークなどではたらく。ドッグトレーナーについては、ドッグトレーナー養成の専門学校や、民間の資格があり、ドッグトレーニングをおこなう企《き》業《ぎょう》などに就職する。

大学・専門学校（動物）

↓

動物園や水族館に就職※

↓

動物トレーナー

※公立の動物園や水族館の場合、公務員採用試験を受ける。

人とペットをつなぐ

ペットショップではたらく

ペットとなる動物やペットフード、家庭での飼育に必要な道具、ペットとのくらしを楽しむためのグッズなどを販売《はんばい》する。動物の世話をし、動物の健康とショップの清潔な環境《かんきょう》を守るのも仕事なので、犬や猫《ねこ》のほか、小鳥、魚、ハムスターやウサギ、フェレット、昆虫《こんちゅう》など、あつかう動物についての幅《はば》広い知識が必要になる。

お客さんから、動物の飼い方やペットフードの特徴《とくちょう》などについて質問を受けることも多いので商品についても理解し、知識のない人にわかりやすく説明したり、アドバイスしたりする能力も求められる。

こんな君にぴったり

動物が好き、責任感がある、人と話すのが好き

ペットショップではたらくまで

特に資格は必要ないが、よりよいサービスを提供するために、動物に関するさまざまなことを学んでおく。専門学校や大学で動物について学ぶ人、トリマーや動物看護師などの資格をもつ人もいる。

また、ペットショップを開業するには、動物取扱責任者《とりあつかいせきにんしゃ》の資格と動物取扱業《とりあつかい》の登録が必要になる。

高校・大学・専門学校（動物）
↓
ペットショップに就職
↓
ペットショップではたらく

未来の動物スターを育てる

動物プロダクションではたらく

テレビドラマや映画、CM《シーエム》、ポスター、雑誌などに登場する動物のトレーニングとマネージメントをする仕事だ。多くのプロダクションでは、動物の飼育もしているので、毎日の世話や健康管理もおこなう。出演が決まったら、演技に必要なトレーニングをし、撮影《さつえい》現場に動物を連れていき、魅力《みりょく》を引きだせるよう演技指導をする。事前の打ち合わせや、スケジュール管理など、マネージャーとしての役割も重要になる。

動物プロダクションではたらくまで

トリマーや動物看護師の資格をもっていると就職しやすい。動物の専門学校で学び、実習などから就職につながることも。

こんな君にぴったり 動物が好き、マスコミの仕事に興味がある

動物とともにいやしの場をつくる

動物カフェではたらく

猫《ねこ》や鳥、ウサギなどとの触《ふ》れあいを楽しめるのが、動物カフェの魅力《みりょく》だ。カフェのスタッフは、食事や飲み物を提供し、お客さんも動物も心地よく過ごせるように心を配る。動物たちの世話をして、カフェを清潔に保つことも大切な仕事だ。

カフェにいる動物に関してよく理解して、大きな音に驚《おどろ》く、突然《とつぜん》さわられるといやがるなどのその動物の特徴《とくちょう》を、お客さんにわかりやすく伝えることも重要だ。

動物カフェではたらくまで

人気の職業だが、求人はごくわずかでアルバイトでの採用が多い。経験を積んで、独立する人もいる。

こんな君にぴったり 動物が好き、飲食の仕事がしたい

植物の世話をし、魅力《みりょく》を伝える

植物園ではたらく

植物園で、植物の栽培《さいばい》と研究をして、標本などをつくって保存する。水やりや、枯《か》れた葉や花をつみ、のびた枝を切って形を整えて、植物に適した温度や湿度《しつど》を保つなど、植物に関する知識が欠かせない。

園によっては、イベントや展示をおこなっている。来た人が植物に親しめるように、わかりやすい展示の方法を考え、どこに何を植えるか計画を立てることもある。さらに、季節の花などをとりあげたイベントを企画《きかく》して、PR《ピーアール》する企画・広報、チケットの販売《はんばい》や、経理、総務などの仕事もある。植物の販売をする植物園では、接客もおこなう。

こんな君にぴったり

植物が好き、小さな変化にも気がつく

植物園ではたらくまで

植物園の採用試験か、園を運営する自治体の公務員試験を受ける。ただ、専門分野の採用がない自治体では、植物園に配属されるとは限らない。大学などで植物について学ぶだけでなく、学芸員やビオトープ管理士などの資格を取得するといいが、求人は多くはない。

〈公立植物園の場合〉

高校（園芸科など）
↓
大学・専門学校（園芸・生物）
↓
公務員採用試験
↓
植物園に配属
↓
植物園ではたらく

緑で心安らぐ空間を演出

グリーンコーディネーター

観葉植物などグリーンを使って、空間をデザイン、演出する。店やホテル、イベント会場、オフィスなど、目的や集まる人に合わせた、空間づくりのセンスが求められる。
植物の選定や管理もおこなうため、季節やその場所の環境《かんきょう》に合った植物を見極《みきわ》め、手入れする知識や技術も必要だ。園芸店や植物のレンタル会社などに勤めて依頼《いらい》を受けることが多いが、独立して仕事をする人もいる。

グリーンコーディネーターになるまで

高校や大学で植物について学び、園芸店などで経験を積む。園芸装飾技能士などの資格を取得してもいいだろう。

こんな君にぴったり 植物が好き、部屋の模様がえが得意

人々がくつろげる心地よい場所をつくる

造園家

樹木や石、池や噴水《ふんすい》などを組み合わせて、庭や公園を設計し、工事やその後の管理までをおこなう。
場所の広さや目的に合わせて心地よい空間に仕上げるセンス、その地域に合った植物を選び、植物の変化を長期的に見通す判断力が求められる。造園技能士などの国家資格をとると、公共施設《しせつ》や広い緑地を手がける機会も増えるが、一人前になるには長い時間がかかる。

造園家になるまで

高校、大学、専門学校で園芸や土木工学について学び、造園会社へ。経験を積み、造園技能士などの資格を取得する。

こんな君にぴったり 植物が好き、地形や地理に興味がある

緑を守る木のお医者さん

樹木医

木の診断《しんだん》・治療《ちりょう》をおこなう、木の専門医。病気、害虫、気候、排気《はいき》ガス、土など、木が弱る原因はさまざま。木づちで幹をたたき、音によって内部の状態を判断したり、周囲の環《かん》境《きょう》をよく観察したりして、原因をつきとめる。治療する木は、街路樹や、天然記念物の老木などが多い。

治療の必要な木が増えないように、講座などをおこなって、木の植え方や手入れの方法を広く人々に伝える樹木医もいる。

樹木医になるまで

造園業など関係する分野で7年以上実務経験を積んでから、日本緑化センターの樹木医研修を受けて、審査《しんさ》に合格する。

こんな君にぴったり 植物が好き、小さな変化にも気がつく

毎日森を見まわり、育て、守る

森林官

森林管理事務所に駐在《ちゅうざい》して、国が所有する「国有林」を管理する。日本の国土のうち、およそ2割が国有林といわれている。森林官は森を歩き、その状態を調べて記録を作成し、健康な森にするために木々を間引く「間伐《かんばつ》」をおこなう。

森を健康に保つことは、土砂崩《どしゃくず》れを防ぐなど、人々のくらしに大きな役割を果たす。こうした森林保護の大切さを人々に伝えるために、森林官は森歩きイベントなどもおこなう。

森林官になるまで

国家公務員試験に合格し、農林水産省林野庁に採用される。森林管理局や森林管理署で経験を積み、森林官になる。

こんな君にぴったり 植物が好き、体力と観察力がある

緑を守る人々

国土の7割が森林である日本では、緑を守る仕事をしている人がたくさんいる。

木材を生産する**林業にたずさわる**（↓133ページ）人は、木を伐採《ばっさい》することで、森を守る仕事をしている。木が増えすぎると、日あたりが悪くなり、木の生育に影響《えいきょう》が出る。細い木ばかりの森は、地すべりなどの災害の原因にもなるので、森を適切に管理しながら、木材を生産している。

国の森、国有林を守っている**森林官**（↓128ページ）と同様に、国家公務員として国立公園の自然環境を守っているのが、レンジャーとよばれる**自然保護官**だ。国立公園にある自然保護事務所に所属し、公園内の自然や動植物を保護するための調査や活動、施設《しせつ》の管理などをおこなっている。

「森の案内人」として、訪《おとず》れる人たちに、森の魅力《みりょく》を伝える**森林インストラクター**は、自然に関心をもつ人を増やすことで、森を守る。

さらに、地域の水質や土壌《どじょう》、生き物などを調査して生態系を守っている**ビオトープ管理士**、自然との関わりを考えて緑豊かな心地よい空間をつくりだす**ランドスケープアーキテクト**（景観設計者）など、都市や身近な地域で、緑を守る人たちもいる。

日本の食料生産を支える

農家

人が生きていくのに欠かせない食料を生産する仕事だ。日々の気温の変化や、雨や風など、自然の恵《めぐ》みと厳しさのなかで、生き物である作物を育てる喜びと苦労がある。

日本人の主食である米を生産する農家では、田を耕して土づくりをし、水を引いて苗《なえ》を植え、秋に米が収穫《しゅうかく》できるまでていねいに世話をする。気候の影響《えいきょう》を受けやすい野菜を生産する農家では、何種類かの野菜を組み合わせてつくることも多い。食への関心が高まるなか、農薬や化学肥料の使用を控《ひか》えた有機農法など、栽培《さいばい》方法を工夫《くふう》する農家も増えている。

こんな君にぴったり 植物が好き、コツコツと作業をするのが得意

農家になるまで

農業法人などの会社に就職したり、家業を継《つ》いだりして、農家をはじめる。いずれも農業高校や大学の農学部、公立の農業大学校などで知識や技術を学ぶのが一般《いっぱん》的。自分で農家をはじめるには、農地を取得したり、JA《ジェーエー》に加入したりする必要がある。

高校（農業など）
↓
大学（農学部）
↓
農業法人などに就職
↓
農家

農家の現場

ビニールハウス・温室

野菜や花、果物を、施設《しせつ》を利用して季節をずらして栽培《さいばい》する。施設や燃料などに費用がかかるが、その時期にない作物を生産できるため、生産物の価値が高くなる。

品評会

その年に収穫された作物の、見た目の美しさや味を競《きそ》う品評会。自身の収穫物を出品したり、ほかの農家と情報交換《じょうほうこうかん》をしたりする。

これも農家の仕事

加工場やレストラン

生産した野菜や果物を使用した料理を提供するレストランを経営する人も。生産者の顔が見える安心さと、採れたての作物を味わえる新鮮《しんせん》さで人気を集めている。

農家のこれから

農業企業《きぎょう》が増えていく

食料の生産は、国を支える大切な仕事だが、農業にたずさわる人の多くは高齢《こうれい》者で、その数は年々減少している。そんななか、農業をおこなう企業が現れ、そういった企業に就職する若者も増えはじめている。家業を継ぐことの多かった農業だが、今後はさまざまな人が従事していくことになるだろう。

仕事データ

■1日の勤務時間

田植えや種まきの時期、収穫の時期、台風への備えなど、季節や天候によっては、長時間はたらくことも。

■休日

自然が相手なので、決まった休日をとるのは難しい。会社の場合は、交替制《こうたいせい》で休暇《きゅうか》をとる。

■関連する仕事

酪農家《らくのうか》(→132ページ)

牛乳や乳製品を生産する

酪農家

乳牛を育てて、牛乳を生産したり、牛乳を加工してバターやチーズをつくったりする仕事だ。搾乳《さくにゅう》（乳しぼり）は朝夕2回、専用のミルカーという機械を使うことが多い。乳牛は出産しなければ乳を出せないので、お産の世話もする。

えさやり、牛舎のそうじ、牛の健康管理などの世話のほか、牧草の栽培《さいばい》や牧草を発酵《はっこう》させた飼料（サイレージ）をつくることもある。質のよい牛乳を、安定して生産していく。

酪農家になるまで

家業を継《つ》ぐか、高校や大学で酪農《らくのう》について学び、牧場に就職する。酪農研修施設《らくのうけんしゅうしせつ》で基本技術を学ぶこともできる。

こんな君にぴったり 動物が好き、根気がある、体力がある

漁に出て、魚介類《ぎょかいるい》をとる

漁師

海に出て、魚や貝などをとる仕事だ。陸地近くの沖《おき》でおこなう沿岸《えんがん》漁業、数日かけておこなう沖合《おきあい》漁業、大きな船で何か月も航海する遠洋《えんよう》漁業の3種類にわけられる。漁の方法も、一本釣《いっぽんづ》り、まき網《あみ》、底引き網などそれぞれ専門性が高いが、いずれも自然を相手にする厳しさと、大漁・不漁の波がある。環境《かんきょう》の変化や乱獲《らんかく》などで、世界的に魚の数が減っている現在、生態系や環境を守る意識も求められる。

漁師になるまで

高校や大学で水産の勉強をし、漁業協同組合や水産会社に就職後、漁の経験を積む。船や操縦免許《めんきょ》が必要な場合も。

こんな君にぴったり 船に乗るのが好き、魚が好き、体力がある

第一次産業にたずさわる人々

第一次産業とは、自然の恵《めぐ》みを収穫・採集する産業で、農業、牧畜業《ぼくちくぎょう》、水産業、林業、猟業《りょうぎょう》などをさす。

農業では、米、野菜、果樹、花などを育てる**農家**（→130ページ）、牧畜業では、肉や卵を生産する**畜産農家**《ちくさんのうか》や、牛乳や乳製品をつくる**酪農家**《らくのうか》（→132ページ）などがある。

水産業には海に漁に出る**漁師**（→132ページ）のほか、川で漁をする**川漁師**、素潜《すもぐ》りで貝類などをとる**海女**《あま》**・海士**《あま》、魚の数を増やす目的で、卵や稚魚《ちぎょ》から育てて放流する**栽培漁業者**《さいばいぎょぎょうしゃ》、海や川で魚介類《ぎょかいるい》を育てて出荷する**養殖漁業者**《ようしょくぎょぎょうしゃ》がいる。

山に木を植えて育て、木材を生産する**林業にたずさわる**人のなかには、森の管理や木を切る伐採《ばっさい》のほか、木を蒸し焼きにして炭をつくる炭焼きや、きのこ栽培《さいばい》、栗《くり》などの果実の採集をする人もいる。

猟師《りょうし》は、現在では増えすぎた野生動物の捕獲《ほかく》をおこなうことが多い。狩猟免許《しゅりょうめんきょ》と猟《りょう》銃《じゅう》所持許可を取得し、狩猟者登録をして、被害《ひがい》を受けた自治体や農家、野生生物対策の専門家などと協力して活動する。また、捕獲した動物は「ジビエ料理（野生動物の肉を使った料理）」などとして提供されることもある。

気象データから天気を予測して伝える

気象予報士

データを読みといて、天気を予報する仕事だ。気象庁が提供する、各地の地上や衛星からの観測データ、気象レーダーやアメダスなどのデータをもとに、情報を分析《ぶんせき》し、過去の例と照らしあわせたり、地域の地形の特徴《とくちょう》を考えたりして、天気予報を出す。テレビ局やラジオ局のアナウンサーで、気象予報士の資格を取得して活躍《かつやく》している人もいる。

かつては天気予報を出せるのは気象庁だけだったが、1995年から、気象予報士の試験に合格し、資格をもつ人は、独自に予報を出せるようになった。

こんな君にぴったり 天気予報はつねに見る、物事を筋道立てて考えられる

気象予報士になるまで

気象予報士の国家試験には、年《ねん》齢《れい》や学歴による受験資格は一切なく、14歳《さい》の中学生が合格した例もある。試験は、気象現象、大気の構造、熱力学などの専門知識が求められる学科、天気図を読み予測を立てる実技と、難しい内容で合格率は毎年5％ほど。合格したら気象庁に登録し、気象予報士となる。

中学・高校・大学など
↓
気象予報士国家資格取得
↓
気象予報士

気象予報士の現場

気象予報会社

気象予報を専門におこなう会社。船会社に依頼《いらい》され、船の航路の天候を予想したり、イベント企画《きかく》会社に依頼され、その日の天候を予想したりする。

テレビ局やラジオ局

お天気キャスターなどとして、天気予報の原稿《げんこう》を作成するだけでなく、自ら予報を伝える予報士もいる。また、テレビ局の専属の気象予報士として活躍《かつやく》する人もいる。

これも気象予報士の仕事

一般企業《いっぱんきぎょう》の専属予報士

ファッションや飲食など気候が商品に影響《えいきょう》をあたえる企業や、海外の農産物の買いつけをする商社などでは、社員として気象予報士を採用する場合も。

気象予報士のこれから

ニーズは増えている

携帯《けいたい》電話やスマートフォンで、地域のピンポイントの予報を提供したり、自然災害に対する警戒《けいかい》情報を伝えたり、気象予報士が活躍できる場面は増えている。ただ、合格者も年々増えているので、資格さえあれば職に就けるとは限らない。だれにでもわかりやすく伝えられるコミュニケーション能力など、資格に加えて独自の強みが必要になる。

仕事データ

■1日の勤務時間
テレビ局などでは、24時間体制で対応できるシフトを組んでいる。早朝や深夜の勤務もある。

■休日
気象会社や一般企業では、担当している仕事の状況《じょうきょう》にもよるが、会社の休日に休めることが多い。

■関連する仕事
テレビディレクター（→220ページ）

天体観測をもとに宇宙のなぞにせまる

天文台ではたらく

電波や光線、赤外線《せきがいせん》などさまざまな波長の電磁波を使い、天体を観測し、その結果をもとに、太陽や月、星、地球の運行、天体の性質や成り立ちなど、宇宙の姿を解きあかす研究をしているのが天文台だ。教授、准《じゅん》教授などの研究者、観測機器の設計・開発や基礎《きそ》的な研究実験など技術面を支える技術職員、運営を担当する事務職員がはたらいている。

全国には観測の設備をもち、公開している500以上の公開天文台がある。それらは、おもに都道府県や市区町村が運営し、多くの人に天文学に興味をもってもらうための教育活動もおこなっている。

こんな君にぴったり

宇宙や星に興味がある、好きなことにはのめりこむ

天文台ではたらくまで

国立天文台の研究者は、大学院で修士、博士を修めた人が公募《こうぼ》される。技術・事務職員は、全国で地区ごとにおこなわれる国立大学法人等職員採用試験を受験する。

公開天文台の職員は、運営する団体の基準で採用される。教育普《ふ》及《きゅう》活動を担当する場合、学芸員の資格が求められることも。

- 大学(宇宙科学)
- ↓
- 大学院(宇宙科学)
- ↓
- 天文台に就職
- ↓
- **天文台ではたらく**

星空の魅力《みりょく》を伝える案内人

プラネタリウムではたらく

ドーム形の天井《てんじょう》に星空を映し、宇宙や天体の世界に導いてくれるプラネタリウムは、日本全国で300か所以上ある。プラネタリアンともよばれる職員は、上映会で使う番組の内容を考えて制作し、機械を操作して番組を上映して、その内容を解説する。季節やその時期に合ったテーマをとりあげるため、天文学の知識に加え、機器を操作する技術、観《み》る人にわかりやすく伝える表現力も求められる。そのほか天体観測会や星空コンサートなど、プラネタリウムでおこなうイベントの企画《きかく》や、運営に必要な受付や施設管理《しせつかんり》などの業務を担当することもある。

こんな君にぴったり

宇宙や星に興味がある、人に教えるのが得意

プラネタリウムではたらくまで

採用の条件はさまざまだが、正規の職員としての募集《ぼしゅう》は少ない。公立の施設《しせつ》では運営する自治体の職員が配属され、専門の採用がないことも多い。大学で宇宙科学を学んだり、学芸員資格を取得したりすると有利な場合も。アルバイトやボランティアとして、つながりをつくることも重要だ。

大学（宇宙科学）
↓
プラネタリウムに就職
↓
プラネタリウムではたらく

まだ知らない世界へ飛びだす

宇宙飛行士

宇宙でさまざまな実験や観測をおこない、地球でのくらしをより豊かにして、いまだ到達《とうたつ》したことのない宇宙空間への人類の進出をめざす。現在の日本人の宇宙飛行士のおもな活動は、地上から約400km上空にある国際宇宙ステーション（ISS《アイエスエス》）のなかにある実験棟《じっけんとう》「きぼう」での滞《たい》在《ざい》。半年ほど滞在して、さまざまな実験をする。地球にいる宇宙飛行士は、宇宙にいる飛行士と交信して、サポートをおこなう。

技術はどんどん発達しているので、近い将来、火星への人類到達、地球外生命体の発見なども実現するかもしれない。とても夢のある仕事だ。

こんな君にぴったり

宇宙に行ってみたい、根気がある、人と話すのが好き

宇宙飛行士になるまで

JAXA《ジャクサ》（宇宙航空研究開発機構）の宇宙飛行士候補《こうほ》選抜試験を受け、合格したらNASA《ナサ》（アメリカ航空宇宙局）で約2年の基礎《きそ》訓練《くんれん》を受けJAXA宇宙飛行士の認定を受ける。1年以上訓練を受け、ISS搭乗《とうじょう》が決まったら、さらに約2年訓練をおこなう。

大学（自然科学系）
↓
就職し、3年はたらく（自然科学分野、研究・開発・製造部門） ／ 大学院
↓
宇宙飛行士候補選抜試験
↓
基礎訓練コース
↓
宇宙飛行士

宇宙飛行士の現場

真冬の雪山

帰還《きかん》するロケットが雪山に不時着したときを想定して、雪山でのサバイバル訓練をする。ほかの乗組員と協力して、決められた日にちをさまざまな工夫《くふう》をして乗りこえる。

水中での船外活動訓練

おもりのついた宇宙服を着てプールに入り、無重力空間に似《に》た環境《かんきょう》で訓練することも。「きぼう」の外壁《がいへき》の修理などをおこなう船外活動の練習をする。

これも宇宙飛行士の仕事

公演やイベント

宇宙のすばらしさや、宇宙開発のために生まれた技術が人々のくらしにどのように生かされているかなどを、多くの人たちに伝えていくことも大切な仕事だ。

宇宙飛行士のこれから

民間の会社で宇宙開発がおこなわれるように

これまでは、国家が主体となって技術者を集めるなどして、宇宙開発をすすめていたが、最近では、民間の会社でも、独自に宇宙開発をすすめる動きがある。

そうした動きがさらに広まっていけば、宇宙飛行士になる方法がこれまでと変わったり、宇宙ではたらく仕事の幅《はば》が広がったりするかもしれない。

仕事データ

■1日の勤務時間

ISS滞在中や訓練中は、いそがしい時間もあるが、音楽や映画などを楽しめる時間もある。

■休日

訓練や地上での活動内容によって、休日はさまざま。長期にわたって、外国の訓練施設《くんれんしせつ》で過ごすことも多い。

■関連する仕事

JAXAではたらく（→140ページ）

宇宙、航空分野での研究と開発

JAXAではたらく

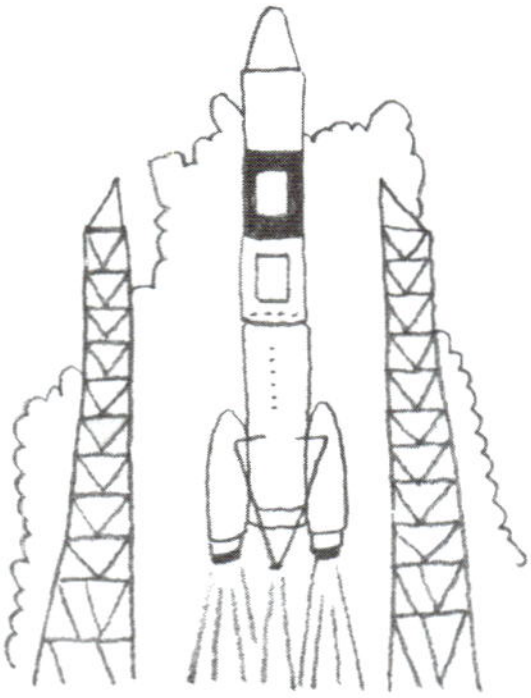

JAXA《ジャクサ》（宇宙航空研究開発機構）は、国の政策として宇宙開発をすすめる研究機関だ。国際宇宙ステーション（ISS《アイエスエス》）に滞在《たいざい》する宇宙飛行士と、それを地上からサポートする技術者や専門家がはたらいている。

そのほか、地球と宇宙を結ぶ輸送機となるロケットの開発や打ちあげ、宇宙から地球を観測する地球観測衛星などの人工衛星の管理、宇宙を知り、地球を知るための惑星探査《わくせいたんさ》機の開発や打ちあげ、航空機に関する研究や技術開発など、あらゆる研究やプロジェクトをおこなっている。研究開発担当の職員だけでなく、運営を担《にな》う財務などのスタッフもいる。

こんな君にぴったり

宇宙開発に興味がある、協調性がある

JAXAではたらくまで

JAXAの採用試験を受験する。毎年定期的な採用があり、書類選考、基礎《きそ》学力と適性検査の試験、複数回の面接によって選ばれる。

技術系と事務系の採用があり、技術系は、自然科学の分野で研究成果をあげる必要がある。任期の決まった研究員の募集《ぼしゅう》もある。

大学・大学院（自然科学）
↓
JAXA採用試験合格
↓
JAXAではたらく

宇宙開発にたずさわる人々

宇宙開発事業で世界的に知られているのが、アメリカのＮＡ《ナ》ＳＡ《サ》（アメリカ航空宇宙局）だ。

およそ2万人いるという**NASAではたらく**正規職員になるにはアメリカ国籍《こくせき》が必要だが、約15万人といわれる契約《けいやく》職なら、アメリカ国籍をもっていなくてもはたらくチャンスがある。ひとつは、宇宙航空学の分野で実績を上げて、**研究者**としてまねかれること。もうひとつは、ＮＡＳＡとさまざまな形で協力プロジェクトをおこなっている**JAXA《ジャクサ》ではたらく**（↓140ページ）職員となって派遣《はけん》されることだ。ＮＡＳＡの本部があるワシントンや、宇宙飛行士の訓練がおこなわれるヒューストンには、ＪＡＸＡの現地事務所もある。

国立法人であるＪＡＸＡは、大学や研究所、企業《きぎょう》と協力して活動をすすめている。実際にプロジェクトを成功させるためには、ロケットや人工衛星の設計や製造、新しい素材や燃料、通信機器や電子機器などの開発、ロケットなどを打ちあげる施設《しせつ》の建設やシステムの運営など、さまざまな仕事がある。こうした仕事の多くは、ＪＡＸＡとの契約によって、宇宙産業に関わる企業が担当することが多い。

南極で生活し、観測活動をおこなう

南極観測隊員

1957年にはじまり、約60年続いている南極観測をおこなうのが、夏隊、越冬隊《えっとうたい》として派遣《はけん》される南極観測隊員だ。毎年、7月から準備をはじめて、11月下旬《げじゅん》に南極観測船「しらせ」で出発。夏隊は翌年3月まで、越冬隊は翌々年の3月まで、およそ30人のチームで南極に滞在《たいざい》する。

オーロラや宇宙からの放射線、気象や氷の状態などの観測をおこなう観測部門の隊員には、大学や研究所の研究者に加え、海上保安庁や気象庁、国土地理院の専門家も参加する。設営部門の隊員は、観測機器の管理をする技術者、基地での生活に必要な調理担当、医師などの専門家だ。

こんな君にぴったり

集団生活が得意、体力がある、人と話すのが好き

南極観測隊員になるまで

大学の研究者になり、観測部門の隊員として南極観測隊に派遣される、または国立極地研究所の募《ぼ》集《しゅう》に応募《おうぼ》する。調理師、医師など専門職になり、極地研究所の募集に合格、研究所の職員として南極に派遣される方法もある。

大学・大学院
↓
専門職に就職 / 大学の研究者 / 国立極地研究所に応募
↓
観測部門の隊員として派遣
↓
南極観測隊員

土地を正確に測り、調べる

測量士

建物や道路、橋などをつくるとき、まずはじめに測量士が、土地の位置（座標）、地形や面積、高低差、周囲の建物との位置関係などを、専門の機器を使って精密に測り、記録する。作業は街、山、海岸など、依《い》頼《らい》されたあらゆる場所で、2～5人のチームでおこなう。

測量には、光学機器や、通信衛星を利用して位置を確かめるGPS《ジーピーエス》などの最新技術も利用する。測量結果は、コンピューターや専門の計算機で、分析《ぶんせき》や加工をする。建築のための測量のほかに、航空機で撮影《さつえい》したデータなどを使い、地図作成の基本となる地図測量もある。

こんな君にぴったり
コツコツと努力できる、地形や地理に興味がある

測量士になるまで

測量士の国家試験は、だれでも受験できるが難関。試験を受けるほかに、大学や専門学校などで、定められた測量に関する科目を修めたあと、一定の実務経験を積めば、資格を得て国土地理院の名簿《めいぼ》に登録できる。

高等専門学校・大学・短大（測量士養成課程）
↓
測量士国家資格取得 ／ 測量会社に就職（1～3年）
↓
国土地理院の名簿に登録
↓
測量士

目的に合わせたさまざまな地図をつくる

地図制作会社ではたらく

道路マップや観光マップなどのほか、都市計画図、防災地図、土地利用図など、さまざまな種類の地図を制作する仕事だ。航空写真や国土地理院が製作する2万5千分の1地形図などをもとに、測量や地図に掲載《けいさい》する内容の調査をして、現在ではおもにデジタルデータとして、地図をまとめていく。地図の種類によって、正確さが最優先のものもあれば、見やすくするためのデザイン性が求められるものもある。

地図制作会社ではたらくまで

測量士（→143ページ）の資格があると、就職しやすい。編集やデザインを学び地図専門の出版社に入る方法も。

こんな君にぴったり

地図が好き、地形や地理に興味がある

世界中の山に登って冒険《ぼうけん》する

登山家

国内や海外の有名な山への登頂をめざす。多くの登山家が、資金を提供するスポンサーについてもらって、道具、旅費、荷物などをもっていっしょに登る人たちの人件費などを工面して、活動している。

スポーツ用品会社のアドバイザー、講演や本の執筆《しっぴつ》など登山関係の仕事のほか、登山インストラクター、登山とは別の仕事をしながら山に登る人もいる。

登山家になるまで

登山の経験を積み、山に関する知識や語学を学び、登山の魅力《みりょく》を伝える方法をみがいて、スポンサーを見つける。

こんな君にぴったり

山が好き、状況《じょうきょう》に合わせて判断できる

8章

乗り物や機械で世の中を便利にする仕事

システムが動くように組みたてる

プログラマー

コンピューターを動かすための命令や決まりごとをプログラムという。ウェブ上のサイトやゲーム、パソコンのソフト、デジタル家電まで、コンピューターが使われているところには、全てプログラムが組みこまれている。プログラミング言語を使って、プログラムを書き、ルール通りにコンピューターが動くようにする「プログラミング」をするのが、プログラマーの仕事だ。

システムエンジニア（↓148ページ）が、機械をどのように動かすかを書いた仕様書をもとに、プログラミングをすることが多い。

こんな君にぴったり　パソコンが好き、コツコツと努力できる、集中力がある

プログラマーになるまで

プログラマーを必要としている職場は多い。大学や専門学校でプログラムの知識を学んでおくと役に立つ。だが、特別な知識がなくても、会社に就職してからプログラム言語を学んで、プログラマーとしてはたらくことも可能だ。ほかの仕事を経験してからプログラマーに転職する人も多い。

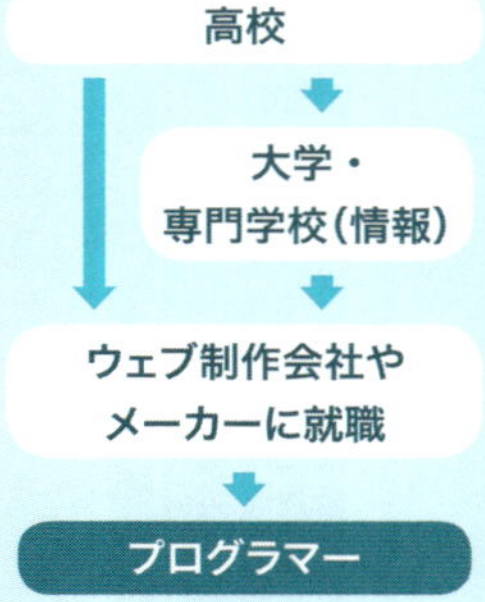

プログラマーの現場

ウェブ制作会社

企業《きぎょう》などから依頼《いらい》を受けてウェブサイトを制作する会社。検索《けんさく》エンジンやネットショッピングなどさまざまな機能が使えるようにプログラムをつくる。

ゲーム会社

新作のゲームをつくるときにプログラムを組む仕事。最近ではスマートフォンに対応したゲームが増えていることから、ゲーム会社ではたらくプログラマーが増えている。

これもプログラマーの仕事

デバッグ

プログラミングにまちがいがないか確認する作業を「デバッグ」という。お客さんの手に渡《わた》ったときに不具合が起きないよう、何度もテストする。

プログラマーのこれから

仕事の場をどんどん開拓《かいたく》する

いたるところでコンピューターが使われている現在では、ほとんど全ての分野でプログラマーが活躍《かつやく》している。これは今後も変わらないだろう。

また、独立して仕事をするプログラマーも増えている。アイデア次第では、自分でウェブサイトを運営したりソフトを開発・販売《はんばい》したりして、収入を得ることも可能だ。

仕事データ

■1日の勤務時間
基本は1日8時間だが、ウェブサイトの公開日やゲームソフトの発売日が近くなると残業が多くなる。

■休日
土日休みが基本だが、しめ切りの前には休日出勤して、作業をすることもある。

■関連する仕事
システムエンジニア（→148ページ）

システムを考えて設計する

システムエンジニア

会社などで使うコンピューターのシステムを設計する仕事。会計や情報の管理、共有をスムーズにおこない、効率よく仕事がすすめられるような設計を考えて提案する。システムエンジニアが考えた「仕様書」というシステム全体の設計図をもとに複数のプログラマー（↓146ページ）がプログラムを書き、コンピューターが動く。

システムエンジニアは、依頼《いらい》主の要望を聞いて仕様を考え、プログラマーたちをまとめて、仕事がスムーズにすすんでいるか監督《かんとく》する。プログラミングの技術に加え、コミュニケーション能力も求められる仕事だ。

こんな君にぴったり パソコンが好き、人と話すのが好き、協調性がある

システムエンジニアになるまで

システムエンジニアは高度な知識を必要とする。就職してから仕事を覚えていくケースもあるが、高等専門学校や大学、専門学校でIT《アイティー》や情報処理、プログラムなどについて学んでおくと役に立つ。

プログラマーが経験を積み、システムエンジニアの仕事を兼《か》ねるようになるケースも多い。

高校・高等専門学校
↓
大学・専門学校（情報）
↓
ウェブ制作会社やメーカーに就職
↓
システムエンジニア

パソコンの操作技術をレクチャーする

パソコンインストラクター

パソコンの操作やソフトの使い方を教える仕事。町のパソコンスクールや職業訓練所で講師を務めることが多い。企業《きぎょう》から依頼《いらい》を受けて、新入社員研修などで、その業種で必要とされるソフトの操作方法を教えることもある。つねに新しいソフトが出ているので、幅《はば》広い知識と新しい情報をとりいれる努力が必要だ。

教える相手は、大学生から高齢《こうれい》者までさまざま。どんな人にも気持ちよく接し、わかりやすく教える力が求められる。青年海外協力隊として、海外で活躍《かつやく》するパソコンインストラクターもいる。

こんな君にぴったり

パソコンが好き、人に教えるのが好き、説明するのが得意

パソコンインストラクターになるまで

基本的なパソコンの知識が求められるので、パソコンインストラクター認定試験などを受け、就職する。アルバイトなどからはじめ、くわしい知識を身につけながらスキルアップをはかることもできる。

企業の研修講師を務める場合は、専門的なソフトの知識が必要なので、つねに勉強が必要だ。

高校
↓
大学・専門学校(情報)
↓
パソコンスクールに就職
↓
パソコンインストラクター

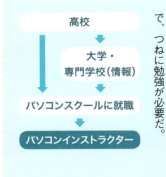

人々に愛される製品を生みだす

インダストリアルデザイナー

クーラーや洗濯機《せんたく》、テレビなど、世の中にはさまざまな工業製品がある。そのデザインを考えるのがインダストリアルデザイナーだ。

生活のなかで使う工業製品は、ただおしゃれなだけではなく、使いやすくなければいけない。さらに、使用中に事故が起きないよう、安全面についても考える必要がある。インダストリアルデザイナーは、商品の特徴《とくちょう》をよく理解したうえで、いくつものデザイン案を描《か》く。

技術者たちとの打ち合わせや試作をくりかえし、何度も改良を重ねてデザインを決定する。

こんな君にぴったり　身の回りにあるものをふだんからよく見ている

インダストリアルデザイナーになるまで

美術系や工学系の大学や専門学校で工業デザインについて学んで、工業製品メーカーやデザイン会社に就職する。

インターンやアルバイトとして、学生のうちから現場ではたらき、先輩《せんぱい》のデザイナーとチームを組んで経験を積んでいく人もいる。

大学・専門学校（美術・工学）
↓
工業製品メーカーやデザイン会社に就職
↓
インダストリアルデザイナー

インダストリアルデザイナーの現場

工業製品メーカー

工業製品の開発をおこなっている会社。ここでデザイン部門に配属されて仕事をする。社内の技術者や営業の担当者などと協力しながら仕事をする。

デザイン会社

デザインを専門におこなう会社。工業製品メーカーから依頼《いらい》を受けて仕事をする。依頼主の会社と綿密に打ち合わせて、デザインを考える。

これもインダストリアルデザイナーの仕事

インタビュー調査

使いやすさを追求して、製品の対象者に話を聞くことも大切な仕事。

より使いやすく、愛される製品になるよう、意見を聞いて参考にする。

インダストリアルデザイナーのこれから

だれにでも使いやすい製品が求められる

生活のなかの工業製品はすでに数多くつくられている。そのなかで目を引く、斬新《ざんしん》なアイデアと機能性を兼《か》ねそなえたデザインがインダストリアルデザイナーに求められている。また高齢《こうれい》化がすすんでいることから、お年寄りや体の不自由な人でも使いやすいデザインがますます必要とされていくだろう。

仕事データ

■1日の勤務時間

会社勤務の場合は、1日8時間の勤務が基本。しめ切りがせまってくると残業が多くなる。

■休日

土日休みが基本だが、しめ切りがせまると休日に出勤することも。

■関連する仕事

機械設計エンジニア(→152ページ)

デザイナーの思いを形に

機械設計エンジニア

自動車や家電などの工業製品をつくるときには設計図が必要だ。機械設計エンジニアは、インダストリアルデザイナー（↓150ページ）の描《か》いたデザイン画をもとに、機械のしくみや形を考え、設計図をつくる。

安全性や環境《かんきょう》にやさしいか、費用、完成時期など、さまざまな点を考え、設計図を作成する。パソコン上で立体的な3D《スリーディー》モデルをつくり、試作や修正を経て、最終的な設計図が完成すると、工場で組みたてられ商品となる。社内のほかの部署と協力したり顧客《こきゃく》と話したりすることも多く、コミュニケーション能力も求められる。

こんな君にぴったり

メカに強い、パソコンが好き、協調性がある

機械設計エンジニアになるまで

工業高校や高等専門学校、大学、専門学校で機械工学を学んでおくとよい。機械メーカーに就職して、経験を積んでいく。

グローバル化がすすみ、外国の企業《きぎょう》と仕事をする会社も増えている。幅《はば》広い視野をもって、語学力も身につけていると、活躍《かつやく》の場が広がるだろう。

工業高校・高等専門学校
↓
大学（工学部）
↓
機械メーカーに就職
↓
機械設計エンジニア

ものとものをつなぐ技術者
溶接工

鉄などの金属同士を溶《と》かしてつなげる、「溶接《ようせつ》」の技術で、さまざまなものをつくる仕事。金属を熱で溶かして2枚の板をつないだり、形をつくったりする。0.1㎜単位のくるいもないように仕上げていく職人技で、一人前になるには10年かかるともいわれている。

溶接工の活躍《かつやく》の場は広く、船や列車など大型のものを手がける人もいれば、照明器具や精密機械の細かい部品を仕上げる人もいる。日本のものづくりを支える仕事だ。さらに、潜水《せんすい》士の資格も取得して、水中で溶接をおこなう人もいる。

こんな君にぴったり ものづくりが好き、手先が器用、体力がある

溶接工になるまで

職業訓練校で溶接の技術を学ぶのが一般《いっぱん》的。職業訓練校は、中学を卒業してすぐでも入校することができる。

職業訓練校では溶接機の構造や操作、安全管理などについて学び、溶接の実習もおこなう。溶接管理技術者や溶接技能者の資格をとると、就職に役に立つ。

中学・高校
↓
職業訓練校
↓
金属加工会社などに就職
↓
溶接工

未来の自動車を考える

カーデザイナー

自動車会社で新しい自動車のデザインをする仕事。外装のデザインをする「エクステリアデザイナー」、内装のデザインをする「インテリアデザイナー」、全体の色合いを考える「カラーデザイナー」などに担当がわかれ、チームで仕事をする。

社内の企画《きかく》会議で決まったコンセプトをもとに、いくつものデザイン画を描《か》く。事故などが起きないよう、運転しやすいかも考える必要がある。デザインは、営業や広報の担当者など、さまざまな部署の人から意見を聞き、何度も修正して、決定する。

こんな君にぴったり

自動車が好き、絵を描くのが得意、想像力豊か

カーデザイナーになるまで

美術大学や専門学校で工業デザインについて学ぶ。さらに、学生のうちからインターンとして、企《き》業《ぎょう》のプロジェクトに参加するなどして、経験を積む人もいる。

自動車メーカーに就職するのが一般《いっぱん》的だが、カーデザインをしているデザイン事務所に就職する方法もある。

大学・専門学校
（美術・工業）

↓

自動車メーカーに就職

↓

カーデザイナー

カーデザイナーの現場

自動車メーカー

自動車を開発し、販売《はんばい》する会社。メーカーごとに、それぞれ特色のある車がつくられている。車だけでなくオートバイや工業機械をつくる会社もある。

デザイン事務所

自動車メーカーなどから、デザインだけを任される。仕事の流れは自動車メーカーではたらく場合と同じ。自動車メーカーの社員との打ち合わせを何度もおこなう。

これもカーデザイナーの仕事

実物大模型で確認する

デザイン画を3D《スリーディー》の立体データにして、それをもとにカーモデラーがねんどで実物大の模型をつくる。

カーデザイナーは模型を見て、仕上がりを確認する。

カーデザイナーのこれから

エコカーやバリアフリーに対応

最近では排出《はいしゅつ》ガスの少ないエコカーや、障がいのある人でも安心して乗れる車など、これまでになかったタイプの自動車が必要とされるようになっている。

カーデザイナーは、その新しさをデザインで伝えられるように、つねに世の中の話題や流行に敏感《びんかん》でいなければならない。

仕事データ

■ **1日の勤務時間**

車の発売時期が決まっているため、しめ切りがせまってくると長時間労働になることもある。

■ **休日**

自動車メーカーのカーデザイナーは土日が休み。デザイン事務所の場合は会社によって異なる。

■ **関連する仕事**

カーディーラー、テストドライバー（→157ページ）

自動車の安心と安全を守る

自動車整備士

自動車に異常がないか定期的に点検したり、こわれた自動車を修理したりして、車が安全に走れるようにする仕事。車の基本的な知識はもちろん、エンジンなどの装備に関する専門知識が求められる。重いものをもったり、いろんな姿勢で作業したりするので体力も必要だ。

おもな仕事場は、自動車整備工場やディーラー、カー用品店など。最近ではハイブリッド車や電気自動車など、環境《かんきょう》に優しい新しいしくみの自動車も登場しているため、これからはさらに幅《はば》広い機械の知識が求められるようになっていく。

こんな君にぴったり

自動車が好き、メカに強い、手先が器用

自動車整備士になるまで

高校を卒業後、自動車整備士専門学校にすすむ。自動車整備士技能検定に合格し、国家資格を取得して、自動車整備士に。

高校卒業後すぐ整備工場に入った場合は、1年以上はたらき続けると検定を受けることが可能。

高校 ／ 専門学校（自動車整備）

↓

自動車整備工場に就職

↓

技能検定試験に合格

↓

自動車整備士

※就職後に資格を取得してもよい

1台の自動車ができるまで

自動車を開発する自動車メーカーは、これからどんな車が必要とされているか企画《きかく》会議を開いて考える。マーケティング部はアンケートなどの結果をもとに、どんな車が売れるかを提案する。そこで話し合われたことをもとに**カーデザイナー**（↓154ページ）はデザインを考える。自動車メーカーにはたくさんのエンジニアがいて、各部品の性能や安全性を高めるための研究をしている。エンジニアたちは、新車の発売時期に合わせ開発をすすめていく。

デザインと自動車の構造が決まったら、パソコン上でシミュレーションをして、思い通りに走ることができるか確かめてから設計図をつくり、それに合わせて部品もつくる。実際の車ができたら、**テストドライバー**が車を運転して、気づいたことを細かく指摘《してき》する。それからさらに改良を加え、いよいよ最終的な車の形が完成する。

自動車メーカーの生産管理の担当者は、工場でスムーズに、自動車を大量生産できるように計画を立てる。自動車を販売《はんばい》するのは**カーディーラー**の仕事だ。カーディーラーは、自動車メーカーの販売店で、お客さんの希望に合った車を紹介《しょうかい》したり、試乗をすすめたりして、販売する。

空の交通整理をする

航空管制官

飛行機が安全に飛行できるように、指示を出すのが、航空管制官の仕事だ。管制《かんせい》塔のレーダーで飛行機の位置を確認し、無線でパイロットに周りの飛行機の位置や気象情報を知らせる。さらに、飛行機の離《り》着陸《ちゃくりく》の許可も出す。少しのミスが大きな事故につながるため、一時も気をぬくことのできない、責任ある仕事だ。

数人の管制官でチームを組み、いくつもの飛行機に次々と指示を出していく。外国の飛行機にも指示を出すため、どの国のパイロットとも話せるように、英語力が欠かせない。

こんな君にぴったり

飛行機が好き、空間把握《はあく》能力がある

航空管制官になるまで

まず、国土交通省がおこなう航空管制官採用試験に合格する必要がある。試験では、一般《いっぱん》教養や英語に加えて、空間把握能力も問われる。試験に合格後、航空保安大学校の航空管制官基《き》礎《そ》研修課程で半年間学ぶ。さらに各地の空港に配属されてからも訓練を重ねて、一人前の航空管制官となる。

大学・短大・専門学校
↓
航空管制官採用試験合格
↓
航空保安大学校（半年）
↓
各地の空港に配属
↓
航空管制官

航空管制官の現場

航空交通管制部

札幌《さっぽろ》・東京・福岡・那覇《なは》の４か所にあり、日本の空域を飛ぶ飛行機、自衛隊機などに指示を出す。東京管制部は、約300人の管制官がはたらく、日本最大の管制部だ。

管制塔

管制塔には飛行管制所とレーダー管制室がある。飛行管制所では離着陸に関する指示を、レーダー管制室では着陸予定や離陸《りりく》後の飛行機に指示を出す。

これも航空管制官の仕事

ライトで信号を送る

航空管制官とパイロットとの通信手段は無線。

万が一無線が故障した場合には、航空管制官がライトで信号を送りパイロットに指示を出す。

航空管制官のこれから

機械化が進み、仕事内容が変わる

日本の空港に発着する飛行機の数は年々増えているため、航空管制官の需要《じゅよう》はこれからも高まるかもしれない。一方で、技術の発達はすすみ、従来通りの、人の手による管制は減るかもしれない。しかし、機械化がすすんでも、人が担《にな》わなければならない仕事もあるので、管制官の仕事もこれから少しずつ変わっていくだろう。

仕事データ

■1日の勤務時間

1日8時間程度。集中力を必要とするため、30分～1時間ごとに必ず休憩《きゅうけい》時間をとる。

■休日

飛行機は24時間365日、つねにどこかで飛行しているので、交替《こうたい》で出勤する。

■関連する仕事

パイロット、航空整備士（→160ページ）

確実な整備で乗客・乗員を守る

航空整備士

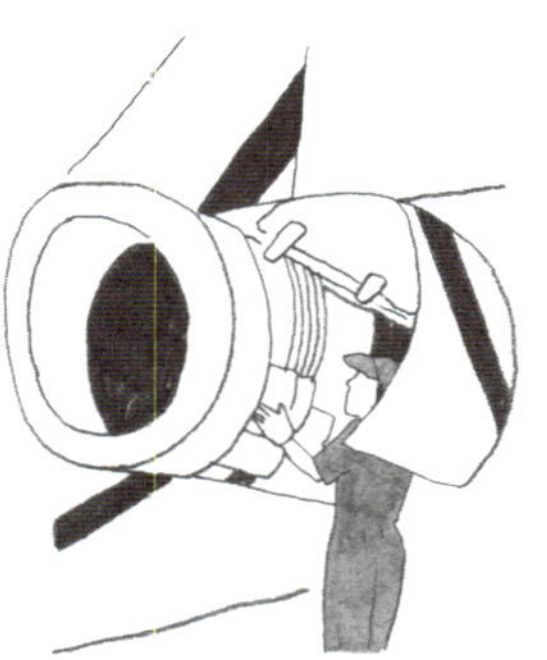

飛行機がいつも安全に飛べるように点検し、整備をする仕事。飛行機はぼう大な数の部品からできていて、しくみも複雑。そのため、何人もの航空整備士がそれぞれ担当する部分を決め、チームで整備にあたっている。一等航空整備士の資格取得者は、整備後にコックピットに上がって、きちんと飛行機のシステムが作動するか確認もする。

飛行機が着陸してから、次の飛行までに異常がないかを点検し、整備をおこなう「ライン整備」と、ある程度の飛行回数に達した飛行機を分解し、部品の交換《こうかん》や補修をおこなう「ドック整備」がある。

こんな君にぴったり

飛行機が好き、人一倍しんちょう、責任感がある

航空整備士になるまで

理工系の大学か航空系の専門学校を卒業してから、航空整備会社や航空機のメーカーに入り、実務経験を積む。飛行機の機種によって資格は異なり、ライン整備の資格とドック整備の資格もわかれている。就職前や就職後にそれぞれの国家資格をとる。

- 大学（理工学）→ 航空整備会社などに就職
- 航空専門学校 → 国家試験合格※ → 航空整備会社などに就職

航空整備会社などに就職 → 国家試験合格 → **航空整備士**

※就職前に取得できる資格もある。

空港ではたらく人々

さまざまな国や地域から航空機が乗りいれる空港でもたくさんの人がはたらいている。飛行機の発着時間や飛行経路などを考えるのは、**ディスパッチャー**。出発の前には必ずパイロットと打ち合わせ、天候を見ながら、安全な飛行ができるか、確認する。

出発までのあいだ**航空整備士**（↓160ページ）は飛行機の点検整備をおこなっている。無事に整備が終わると、**パイロット**と**キャビンアテンダント**（↓46ページ）が乗りこみ、乗客をむかえる準備をする。

空港のなかでお客さんに対応して、搭乗《とうじょう》手続きなどをするのが**グランドスタッフ**（↓48ページ）だ。国際線の場合は、**入国審査《しんさ》官**（↓79ページ）が乗客ひとりずつのパスポートを確かめて、出入国のスタンプを押《お》す。

外国から飛行機が到着《とうちゃく》したときには、海外から持ちこみが禁止されている動物、植物、麻薬《まやく》などが荷物にまぎれていないか**検《けん》疫《えき》官**がチェックしている。

飛行機がとまる駐機場《ちゅうきじょう》のなかで飛行機を安全に誘導《ゆうどう》するのは**マーシャラー**の仕事。旗をふって機長に合図を送り、決められた場所に移動、停止するように誘導する。パイロットは**航空管制官**（↓158ページ）から合図を受けて飛びたつ。

乗客を目的地まで、安全に運ぶ

鉄道運転士

運行予定時刻を守り、安全に列車を運転する。高度な運転技術を身につけ、秒単位で時間に気を配りながら運転する集中力が必要だ。悪天候や車両故障などのトラブルが起こったときも、あわてず乗客のことを考えて対応する冷静さが求められる。列車の運行は、運転士がひとりでおこなうワンマン運転と、車掌《しゃしょう》がドアの開け閉めなどをおこなうツーマン運転とがある。鉄道の利用客数や、地域によって異なる。

終電や始発を運転するときは、事務所に泊《と》まりこむこともあり勤務時間は不規則だが、つねに体調を整えて、安全運転をこころがける。

こんな君にぴったり

鉄道が好き、時間を守って行動できる、責任感がある

鉄道運転士になるまで

鉄道運転士になるにはまず鉄道会社に入り、駅員としてはたらく。その後、車掌の仕事を経験してから、会社の養成所で運転士の研修を受ける。研修後、国家試験に合格すれば運転士になる。運転士として経験を積んだあとは、選抜《せんばつ》試験に合格すれば、新幹線の運転士になることも可能だ。

高校・大学・短大・専門学校（鉄道）
↓
鉄道会社に就職
↓
駅員や車掌として経験を積む
↓
養成研修後、国家試験合格
↓
鉄道運転士

鉄道や新幹線の運行にたずさわる人々

鉄道の駅では、たくさんの**駅係員**がいろいろな場所ではたらいている。駅の窓口では定期券や乗車券を販売《はんばい》したり、お客さんの案内をしたりする。ホームでは、乗客が安全に乗り降りしたかを確かめたり、具合の悪くなった人の対応をしたりする。さらに、自動券売機の、切符《きっぷ》の紙やおつりの補《ほ》充《じゅう》も駅員がおこなう。

鉄道運転士（↓162ページ）は、**車掌**《しゃしょう》とともに電車に乗りこみ、列車を運行する。車掌はドアの開け閉めや冷暖房《れいだんぼう》の調整をおこない、乗客が安全・快適に過ごせるようにする。車内放送で停車駅や乗りつぎの線を案内するのも、車掌の仕事だ。運転士はつねに安全を確かめながら、運行予定時刻を守って、列車を走らせる。

JR《ジェイアール》の新幹線や特急列車などの車内では、**パーサー**とよばれる乗務員が飲食物やおみやげの販売などをおこなっている。

列車の運行を支える仕事はほかにもある。**保線員**は、線路の古くなったレールを交換《こうかん》したり、信号機など鉄道設備の点検をおこなったりしている。列車の通らない夜に作業をおこなうため、なかなか人の目にふれることはないが、列車が安全に走るためになくてはならない仕事だ。

人々を運ぶバスの運転士

バスドライバー

路線バスや観光バスを運転する。路線バスでは、ひとりで運行するワンマン運転がほとんど。運賃の支払《しはら》いや行き先について乗客にたずねられるなど、声をかけられることも多い。つねに礼儀《れいぎ》正しく気配りできることが大切だ。

運転前には、自分が乗車する予定の車両を念入りに点検し安全を確かめる。早朝や深夜の運転になることもあるので体調管理も大切な仕事だ。

バスドライバーになるまで

普通《ふつう》の運転免許《めんきょ》に加え、大型自動車第二種免許を取得して、バス会社に就職する。

こんな君にぴったり 自動車が好き、地域の人々の役に立ちたい

乗客を目的地まで快適に運ぶ

タクシードライバー

タクシーに乗客を乗せ、希望の目的地まで運転する。電車やバスの運転と異なり、目的地が決まっていないので、どこへでもスムーズに到着《とうちゃく》できるよう、さまざまな土地の地理にくわしくなければならない。さらに、乗客との会話ができるコミュニケーション能力も必要だ。

タクシー会社に入ってはたらく場合と、個人で仕事をする場合がある。

タクシードライバーになるまで

普通《ふつう》第一種運転免許《めんきょ》をとった上で、タクシーの運転に必要な普通第二種運転免許をとる。

こんな君にぴったり 自動車が好き、人と話すのが好き

9章

技《わざ》を極《きわ》めて
伝統を受け継《つ》ぐ仕事

おもしろい噺《はなし》で人々を引きこむ

落語家

日本伝統の話芸「落語」を演じて、観客を楽しませる。日本には昔から伝わる古典落語が200話以上ある。落語家はそれらを心地よいテンポで話し、声色や表情、しぐさを変えて、登場人物を演じわける。自身で創作した新作落語を演じることもある。

落語家には「前座《ぜんざ》」、「二ツ目《ふたつめ》」、「真打《しんうち》」という位があり、芸が上達すると、昇進《しょうしん》できる。前座のうちは師匠《ししょう》の身の回りの世話をしながら、寄席《よせ》に出るチャンスをもらう。二ツ目になると独立して、寄席に自分を売りこんだり、公演を開いたりする。芸をみがき、やがて真打になる。

こんな君にぴったり

話すのが好き、人を楽しませたい、伝統芸能に興味がある

落語家になるまで

まずは、師事したい落語家に弟子入りする。はじめは見習いとして雑用をこなし、認められると前座になる。

前座のうちはさまざまな経験を積みながら、師匠の芸を間近に見たり、稽古《けいこ》をつけてもらったりして芸をみがいていく。真打になるまでには20年ほどかかる。

中学・高校・大学
↓
落語家に弟子入り
↓
落語家

伝統芸能を理解し、演じきる

歌舞伎役者

歌舞伎《かぶき》は歌と踊《おど》りの要素をとりいれた日本の演劇。演じる役者は演技だけでなく、日本舞踊《ぶよう》や和楽《わがく》も習得していなければならない。昔からのしきたりで歌舞伎役者は男性と決まっている。女性の役を演じる役者は、女性の所作《しょさ》を学び、本物の女性のように演じる。

歌舞伎の演目の多くは、江戸《えど》時代以前の物語。古典や歴史文化の知識も必須《ひっす》だ。幅《はば》広い技能が求められるため、一人前の役者になるまでには、長い修業期間を要する。重たい衣装《いしょう》を着て大きな動きをするため、体力も必要不可欠だ。

こんな君にぴったり

伝統芸能に興味がある、江戸の文化に興味がある

歌舞伎役者になるまで

親のあとを継《つ》ぐ人が多いが、役者と血縁《けつえん》のない家で育った役者も大勢活躍《かつやく》している。

一般《いっぱん》からめざす場合は、国立劇場の歌舞伎俳優養成研修（応募資格《おうぼしかく》は中学卒業以上から23歳以下《さいいか》の男子）に応募し、研修を2年間受ける。終了《しゅうりょう》後は、歌舞伎役者に弟子入りし、修業を続けていく。

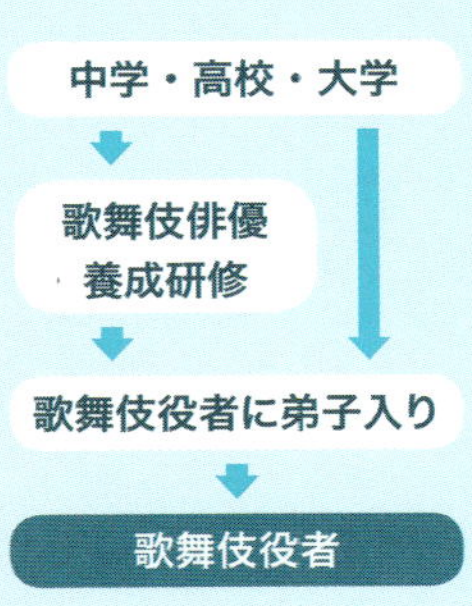

幽玄《ゆうげん》の世界へ観客をいざなう

能楽師

能楽《のうがく》は鎌倉《かまくら》時代の後期から室町時代の前半に成立した、日本の伝統芸能。そのなかでも歌と舞《まい》を中心とした劇を「能《のう》」、せりふを中心としたものを「狂言《きょうげん》」とよんでいる。能楽師は舞台《ぶたい》で演じる役者と、楽器を演奏する人をまとめた呼び名だ。

能楽の舞台は、大道具や大がかりな舞台装置がほとんどない。そこで世界観を表現するため、もとになる古典を深く理解し、演技や音楽で伝える力が必要となる。古くからの型を重んじる芸能であるため、師匠《ししょう》の教えを忠実に守る姿勢が大切だ。

こんな君にぴったり

伝統芸能に興味がある、静かな場所が好き

能楽師になるには

能楽師に弟子入りするか、国立能楽堂の能楽研修で学ぶ。研修の応募《おうぼ》資格《しかく》は、中学卒業以上から23歳《さい》まで。研修期間は6年間。修了《しゅうりょう》後も、あらためて能楽師に弟子入りし、芸を学んでいく。役者を志望する場合も、太鼓《たいこ》、笛などの演奏を学ぶなど、幅《はば》広く技術を学んでいく必要がある。

中学・高校・大学
↓
能楽研修
↓
能楽師に弟子入り
↓
能楽師

伝統芸能を受け継《つ》ぐ人々

日本には古くから伝わるさまざまな伝統芸能があり、ユネスコの無形文化財に指定されるなど、世界からも注目されている。日本舞踊《ぶよう》は日本の古典に出てくる物語を踊《おど》りで表現する芸能。日本舞踊のプロである**日本舞踊《ぶよう》家**は、踊りを通して、少女や武士、狐《きつね》や神など、さまざまな登場人物を演じる。

日本舞踊家や**歌舞伎《かぶき》役者**（→167ページ）、**能楽《のうがく》師**（→168ページ）などの表舞台に立つ人を陰《かげ》で支えて、輝《かがや》かせるのが裏方だ。かつらをつけるのは**床山《とこやま》**。舞台のはしで、小道具を渡《わた》したり衣装《いしょう》をぬいだりするのを手伝うのは**後見《こうけん》**の仕事だ。それぞれの道具をつくる職人たちも、大勢いる。

琴《こと》や尺八、三味線《しゃみせん》、笛、鼓《つづみ》などの日本の楽器による音楽を邦楽《ほうがく》とよび、邦楽の演奏をするプロが**邦楽《ほうがく》家**だ。邦楽家はそれぞれ生徒に演奏の指導をするほか、コンサートを開いたりCD《シーディー》を出したりする人もいる。

文楽《ぶんらく》は江戸《えど》時代に生まれ、大阪《おおさか》の街ではぐくまれてきた、人形劇。話を語る「太《た》夫《ゆう》」と人形を動かす「人形つかい」、伴奏《ばんそう》をする「三味線《しゃみせん》ひき」の三役が演じる。この三役をまとめて**文楽の技芸《ぎげい》員**とよぶ。

伝統芸能の世界は、どれも一人前になるのにかなりの年数がかかる、厳しい世界だ。

伝統的な茶の湯の技法を伝える

茶道家

古くから伝わる作法で抹茶《まっちゃ》を点《た》て、客をもてなす茶道。茶道教室で茶道の作法を生徒に教えるのが茶道家だ。茶道はもてなしの心が大切といわれる。教室の前には茶室をすみずみまできれいにそうじして、季節に合った掛《か》け軸《じく》や花、茶碗《ちゃわん》を用意して生徒をむかえる。茶の点《た》て方以外に、おじぎや茶室での歩き方、茶の飲み方、菓子《かし》の食べ方などの作法は、茶道の基本であるため、特にていねいに指導する。

茶の作法だけでなく、書画や焼き物に関する知識、着物の着つけなど、日本文化に関する幅《はば》広い見識《けんしき》が求められる。

こんな君にぴったり

礼儀《れいぎ》正しく人に接することができる、甘いものが好き

茶道家になるまで

茶道家として活動するには、教授の免許《めんきょ》を取得する。茶道には「裏千家《うらせんけ》」や「表千家《おもてせんけ》」など、いくつかの流派があり、免許を取得する方法はその流派によって異なる。

まずは自分に合った流派を見つけ、その流派の茶道家のもとで稽古《けいこ》をはじめるのが第一歩だ。人に教えられるようになるには、最低でも10年前後の修業が必要。

茶道教室で稽古を積む
↓
教授免許取得
↓
茶道家

花を生けて作品をつくる

華道家

生花《いけばな》を切り、花器に入れて飾《かざ》る華道《かどう》の専門家。生け花教室で生徒に花の生け方を教えたり、ホールやホテルなどでの催《もよお》しのときに飾る花を生けたりするのが仕事。展覧会で自分の作品を発表することもある。色、質感、季節感を考えながら、花一本一本の個性を大切にし、花器との組み合わせにも気を配り、作品をつくる。生け花を習いに来る生徒は、若者からお年寄りまで年齢《ねんれい》層が広いため、それぞれにわかりやすい言葉で教える工夫《くふう》が必要になる。自分で教室を開いたり、カルチャーセンターなどで教えたりする人が多い。

こんな君にぴったり
花が好き、手先が器用、色の組み合わせにこだわりがある

華道家になるまで

華道には「池坊《いけのぼう》」などの流派があり、それぞれの流派で教授の免《めん》許《きょ》を得て、華道家として活動する。

自分に合った流派の華道家のもとで稽古《けいこ》を積んで、教授の免許をもっている人から推薦《すいせん》を受けると、教授の免許を取得できる。流派によっては、専門学校と提携《ていけい》して、技術を学ぶこともできる。

華道教室 / 専門学校
↓
教授免許取得
↓
華道家

書道家

毛筆で個性と伝統を表現する

毛筆で美しい字を書き、文字の魅力《みりょく》を表現する。作品を書道展に出すことが一番の仕事といえ、また、小説や映画、テレビ番組のタイトル、店の看板など、多くの人の目に触《ふ》れる字を書くこともある。また書道教室を開いて、書道の指導をすることも多い。

日本には多くの古い書が残されている。先人が残した書を手本にし、字の成り立ちについて学んで、腕《うで》をみがく。

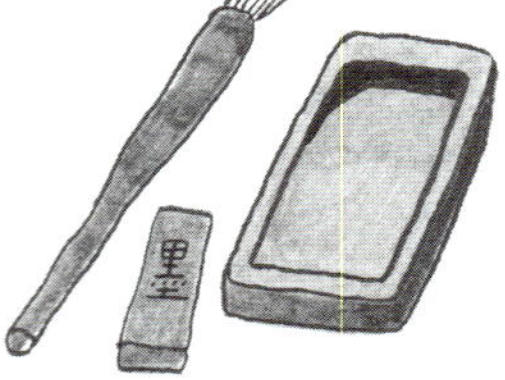

書道家になるまで

自分に合った流派や団体を見つけて稽古《けいこ》をする。師範《しはん》の資格を取得すると、教室を開いて指導することができる。

こんな君にぴったり 字がきれいと言われる、こだわりが強い

陶芸家

心をこめた1枚をつくる

土をこねて茶碗《ちゃわん》や花びんなどの陶磁器《とうじき》を手づくりする作家。陶磁器の見た目、質感は原料の土によって異なる。適した土を選び、こねて形を整え、かまで焼き、絵をつけるといった作業をひとりでこなす。自然の土を使ってつくる陶芸は、そのときの湿度《しつど》や気温によって、できばえが変わる。長年の修業のなかで培《つちか》ったカンがものをいう仕事だ。窯元《かまもと》とよばれる工房ではたらいていて、独立して自分の窯《かま》を開く人もいる。

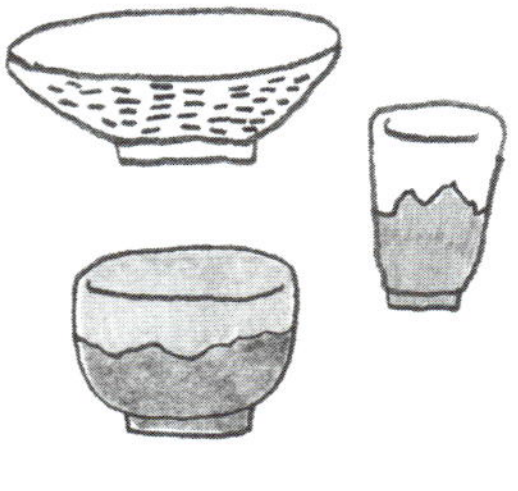

陶芸家になるまで

陶芸家に弟子入りして、修業を積む。美術系の大学、短大、専門学校では陶芸について勉強できるところもある。

こんな君にぴったり コツコツと作業するのが得意、手先が器用

勝利への一手を導きだす

将棋棋士

六級から九段までレベルがわかれる将棋《しょうぎ》の世界で、四段以上の段をもち、大会に参加して将棋をさすのがプロの棋士《きし》だ。

将棋の戦法は何百通りもあるといわれる。プロになるには、あらゆる相手の手を想定して戦略を立てていく、明晰《めいせき》な頭脳と、長時間の対局を戦いぬく体力が必要だ。第一線で活躍《かつやく》を続けるには、プレッシャーにもたえられる強靭《きょうじん》な精神力ももちあわせていなければならない。

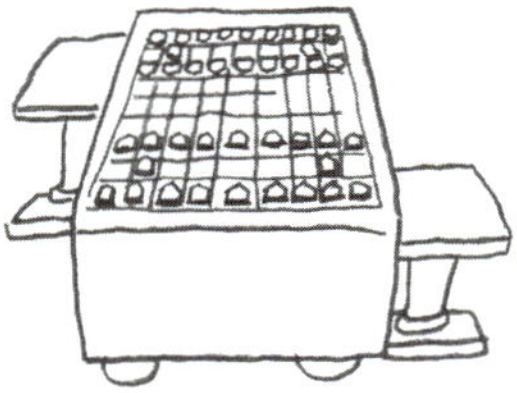

将棋棋士になるまで

日本将棋連盟の奨励会《しょうれいかい》に入り、トーナメント戦を勝ちぬき、23歳《さい》までに初段、26歳までに四段《よだん》に昇段すればプロになれる。

こんな君にぴったり 記憶力に自信がある、ゲームが好き

たがいの手を読みあって戦う

囲碁棋士

囲碁《いご》の大会に参加したり、囲碁教室を開いて教えたりする。囲碁の世界ではプロだけが参加できる大会が7つあり、頂点をめざしてトーナメントまたはリーグ戦を戦う。また女性の囲碁棋士《きし》には、女性だけが参加できる大会もある。

プロの囲碁棋士になれるのは22歳《さい》以下まで。日本棋院《きいん》または関西棋院の院生となって、腕《うで》をみがいた者がプロになることが多い。

囲碁棋士になるまで

棋院がおこなうプロ初段の試験に合格すればプロになれる。採用されるのは毎年6人で、受験できるのは22歳《さい》以下。

こんな君にぴったり 広い視野でものごとを考えられる

夜空を美しくいろどる
花火職人

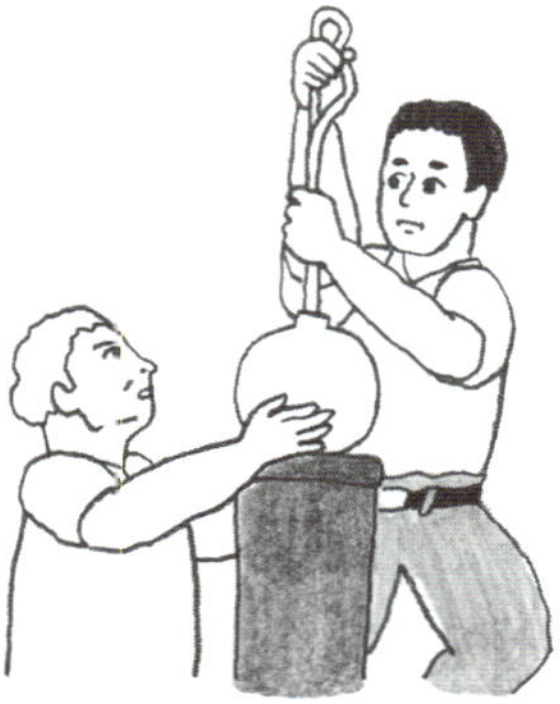

花火のもとになるのは、ボール状をした花火玉。花火職人は、火薬を調合し、打ちあがったときの色や形を考えながら花火玉をつくり、打ちあげまでを担当する。花火の色は火薬の種類や、混ぜあわせる金属の粉の量によって決まる。火薬と金属粉を混ぜあわせた「星」とよばれる玉を、大きな花火玉の内側にすき間なくつめる。火薬をあつかうため、事故が起こらないよう細心の注意をはらう。

夏の間は打ちあげ作業が多くていそがしいが、つくった花火を大勢の人に見てもらえる、最もやりがいを感じる時期だ。

こんな君にぴったり
花火が好き、人をあっと驚《おどろ》かせたい、手先が器用

花火職人になるまで

花火会社で、花火職人のもとで修業をする。一人前になるまでには、10年ほどかかる。火薬のあつかい方を学び、火薬類製造保安責《ほあんせき》任者免状《にんしゃめんじょう》を取得すると役立つ。

花火を打ちあげるには、日本煙《えん》火《か》協会の保安教育を受け、煙火消火保安手帳を取得しなければならない。

高校・大学
↓
花火師のもとで修業
↓
煙火消火保安手帳を取得
↓
花火師

日本の伝統的な建物をつくる

宮大工

神社や仏閣《ぶっかく》、城など、日本に古くからある建物を修理・再建したり、新築したりする大工。

ただ大工の経験があるだけではなく、日本に古くから伝わる木造建築の技術を身につけていなければならない。また長い年月を経て傷《いた》んだ建物を、建てられた当時の形に復元するためには、歴史や文化に関する知識も必要だ。機械がなかった昔の建築は、緻密《ちみつ》な手作業によってつくられているものが多く、熟練した技《わざ》が求められる。貴重な歴史の遺産を後世に伝える、とても重要な仕事といえるだろう。

こんな君にぴったり

伝統文化に興味がある、コツコツと作業するのが得意

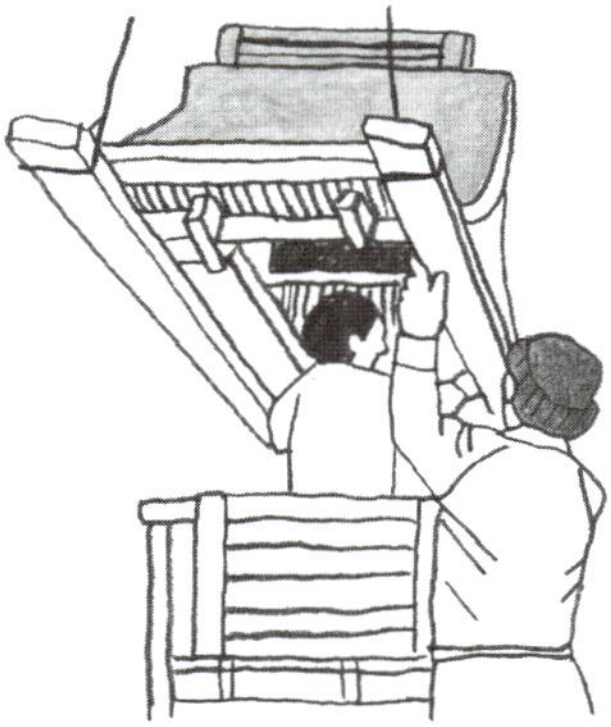

宮大工になるまで

宮大工のいる寺社専門の工務店に入り、修業を積む。現場に出て作業を経験するだけでなく、さまざまな建造物を見たり、昔の文化や芸術について書かれた資料を読みこんだりと、勉強も欠かせない。

一人前になるまでに10年かかるともいわれ、努力を必要とするが、それだけにやりがいも大きい。

中学・高校
↓
宮大工に弟子入り
↓
宮大工

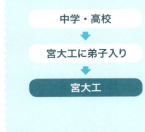

伝統工芸を極《きわ》める職人

あらゆるものが機械で大量生産されるようになった現在でも、古くから伝わる技法で、ていねいにものをつくる職人がいる。

友禅《ゆうぜん》職人は、着物の布を染める職人。紅葉や桜、うさぎや鳥などさまざまな絵柄《えがら》を考え、白い布を染料《せんりょう》で染めていく。できあがった友禅は、**和裁士《わさいし》**が着物に仕立てる。

ひな祭りなどに飾《かざ》る日本人形をつくるのは、**人形職人**だ。顔や手などのパーツをつくり、着物を1枚ずつ縫《ぬ》って着つける。

日本の伝統工芸、漆塗《うるしぬ》りの器をつくるのは、**漆器《しっき》職人**だ。器《うつわ》の形づくり、漆《うるし》や金を塗《ぬ》る作業を分業して、漆器《しっき》をつくる。

表具師《ひょうぐ》は、日本画や書を掛《か》け軸《じく》や屏風《びょうぶ》に仕立てる仕事。貴重な絵画や書の表装《ひょうそう》、国宝作品の表装《ひょうそう》変《が》えを手がけることもある。

彫金《ちょうきん》は金属をほって作品をつくる芸術。日本では武具の一部や装飾品《そうしょく》に彫金が用いられてきた。伝統的な技法を受け継《つ》ぎ、アクセサリーなどをつくる**彫金師《ちょうきん》**もいる。

じょうぶで独特の風合いがある和紙は、世界的にもその良さが認められている。和紙を専門につくるのは**和紙職人**だ。

さらに、日本の住まいに欠かせない、畳《たたみ》をつくる**畳《たたみ》職人**もいる。職人はそれぞれの技術を受け継《つ》ぎ、日本の文化を守っている。

10章

スポーツで人々を楽しませる仕事

ファンに夢をあたえる

プロ野球選手

プロ野球の球団と契約《けいやく》し、3月下旬《げじゅん》から10月ごろまで、日本全国を移動して、リーグ戦をおこないながら優勝を争う。試合で活躍《かつやく》することはもちろん、ファンの求めに応じてサインをしたり、イベントでファンと触《ふ》れあったりするのも大切な仕事だ。海外で活躍する選手もいる。

シーズンオフには体を休めつつ、自主トレーニングをして、次のシーズンに備える。また、この時期には、球団との契約の見直しがおこなわれる。成績に応じて翌年以降の年俸《ねんぽう》などが決められるが、成績がよくない場合には解雇《かいこ》されることもある。実力主義の厳しい世界だ。

こんな君にぴったり

野球が好き、自分の役割をしっかりこなせる

プロ野球選手になるまで

基本的には、野球のさかんな高校や大学、社会人チームなどで活躍し、年に一度各球団が入団してほしい選手を指名する、ドラフト会議で指名される。ドラフト指名会議では、自分の入りたい球団に入れるとは限らない。

また、球団が開催《かいさい》する入団テストを受ける方法もある。

高校・大学・社会人チームなど
↓ ドラフト指名会議 / ↓ 入団テスト
↓
球団に入団
↓
プロ野球選手

サッカーの試合を通じてファンを楽しませる

プロサッカー選手

J《ジェイ》リーグ（日本プロサッカーリーグ）のチームに所属し、2月ごろから11月ごろにかけて、全国でリーグ戦をおこないながら優勝を争うほか、トーナメントで戦うカップ戦などにも出場する。シーズンオフには、心身をリフレッシュしたり、自主トレーニングをおこなったりして、次のシーズンに備える。結果が残せなければ解雇《かいこ》されることもあるが、ほかのJリーグのチームに移籍《いせき》したり、実力を認められて海外のチームに移籍したりする選手もいる。試合以外にも、各地でおこなわれるイベントやサッカー教室、学校訪問などに参加することが多い。

こんな君にぴったり　サッカーが好き、協調性がある、足が速い

プロサッカー選手になるまで

サッカーのさかんな高校や大学で活躍《かつやく》してJリーグのチームからスカウトされて契約《けいやく》を結ぶ、チームの下部組織で経験を積んでチームと契約する、といった方法がある。プロ野球のドラフト指名会議とちがい、選手がチームを選べる。チームがおこなう入団テストを受けて入団することもできる。

高校・大学など
↓
スカウト　／　入団テスト
↓
チームに入る
↓
プロサッカー選手

氷の上ですべって踊《おど》り、美しさを競《きそ》う

フィギュアスケーター

きれいなコスチュームに身を包み、氷の上で音楽に合わせてすべりながら、ジャンプやスピン、ステップなどの技術の正確さや芸術性の高さなどを競いあう。選手はみなアマチュアで活躍《かつやく》しているため、スケートから得られる収入は、大会で入賞したときに獲得《かくとく》する賞金のみ。ほとんどの選手が企業《きぎょう》に所属したり、スポンサー契約《けいやく》を結んだりして、広告塔《こうこくとう》の役割を果たしながらスケートに専念している。

選手として活動できる期間は、20代半ばぐらいまでと短く、引退後は指導者やタレントなどになる人もいる。

こんな君にぴったり　スケートが得意、ダンスが得意、リズム感がある

フィギュアスケーターになるまで

日本スケート連盟に加盟しているクラブや学校のスケート部などに入り、大会で実績を積めば、スポンサーを得たり、会社のスケート部に入ったりすることができる。だが、才能が花開いて活躍できる人はごく一部。遅《おそ》くても小学校低学年までにはじめないと一流になれる可能性は低いともいわれる。

スケートクラブ
↓
大会に出場して活躍
↓ 企業に所属 ／ ↓ スポンサーを得る
↓
フィギュアスケート選手

柔《やわら》の術で戦う

柔道選手

　国内や海外でおこなわれる柔道《じゅうどう》大会に出場して強さを競《きそ》う。国際大会では賞金が出ることもあるが、生計が成り立たないので、ほとんどの選手は学校を卒業したあとに柔道部のある会社に就職して給料を得て、会社の名前を背負って活動する。
　一流選手の目標は、おもにオリンピックでのメダル獲得《かくとく》で、引退後には指導者のほか、タレントやプロ格闘《かくとう》家の道を選ぶ人も多い。

柔道選手になるまで

道場や学校の柔道部で練習を積み、各地の大会でよい成績を収めたあと、柔道部のある会社に就職する。

こんな君にぴったり　柔道が好き、自分の強さを試したい

鉄棒などで華麗《かれい》な技《わざ》を披露《ひろう》する

体操選手

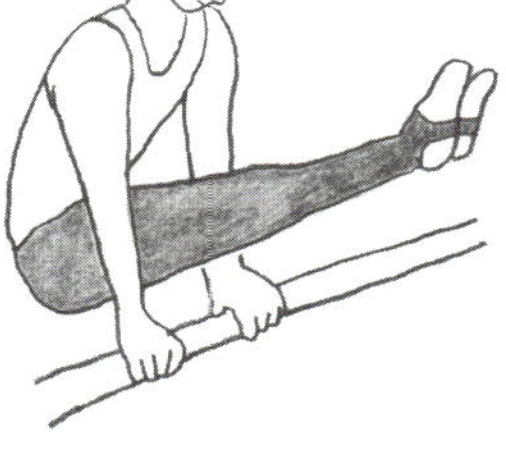

　オリンピックや世界選手権などの大会に出場し、鉄棒や床《ゆか》運動などで、高度な技を見せて美しさを競《きそ》う。
　一部の国際大会では賞金が出るが、金額はあまり高くない。そのため、多くの選手は学校を卒業したあと、就職して体操選手としての活動をおこなう。柔道選手と同じく、そうしたケースは多いので、体操部を設けて選手をサポートする会社もある。引退後は、体操の指導者になる人が多い。

体操選手になるまで

体操クラブや学校の体操部で技をみがき、大会で好成績を残して企業の体操部に入る。

こんな君にぴったり　体操が好き、運動神経がいい、身軽

V《ブイ》リーグで活躍《かつやく》し優勝をめざす

バレーボール選手

バレーボールのVリーグのチームに所属し、秋から春にかけて全国を移動して、年間で約20試合をおこなう。上位リーグのプレミア・リーグ、その下位リーグであるチャレンジⅠ《ワン》リーグ、さらに下のチャレンジⅡ《ツー》リーグにわかれている。

会社のバレー部員として活動している選手と、プロ契約《けいやく》をしている選手がいて、プロ選手の場合はシーズンオフに契約の見直しなどもある。

バレーボール選手になるには

高校や大学などを卒業後、バレーボール部をもつ会社に就職したり、プロ選手としてチームと契約したりする。

こんな君にぴったり 背が高い、ジャンプ力がある

各地の水泳大会で、泳ぎのスピードを競う

水泳選手

日本や世界の各地でおこなわれる水泳大会に参加して、優勝や日本記録、世界記録の樹立をめざす。

大きな大会になると入賞者に賞金が出るが、金額は少ないので、ほかのアマチュアで活躍《かつやく》する競技と同じく、多くの選手は学校や会社の水泳部などに所属しながら競技をおこなう。競技や練習の合間にスイミングスクールのコーチやイベント出演などで収入を得る人もいる。

水泳選手になるまで

水泳の強豪校《きょうごうこう》を卒業後、水泳部のある会社に就職する。また、強い選手には企業《きぎょう》がスポンサーになることもある。

こんな君にぴったり 泳ぐのが得意、持久力がある

するどいパンチで賞金を稼《かせ》ぐ

プロボクサー

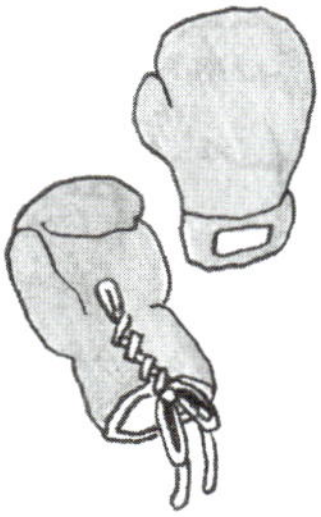

プロボクシングの試合で、相手選手とこぶしを交えながら戦い、賞金を稼ぐ。体重による細かいクラスわけがあり、試合の数か月前になると、ほとんどの選手が練習に加え、厳しい食事制限による減量をおこなう。

勝ちを重ねてランキングを上げれば賞金も上がるが、賞金だけでくらせる人は世界ランキング上位の選手に限られる。多くの選手はアルバイトなどで収入を得ながら活動する。

プロボクサーになるまで

町のジムや学校のボクシング部で練習を積み、日本ボクシングコミッション（JBC《ジェイビーシー》）のプロテストに合格する。

こんな君にぴったり 負けずぎらい、トレーニングが好き

力強く華麗《かれい》な技《わざ》をくりだし、観客を魅了《みりょう》する

プロレスラー

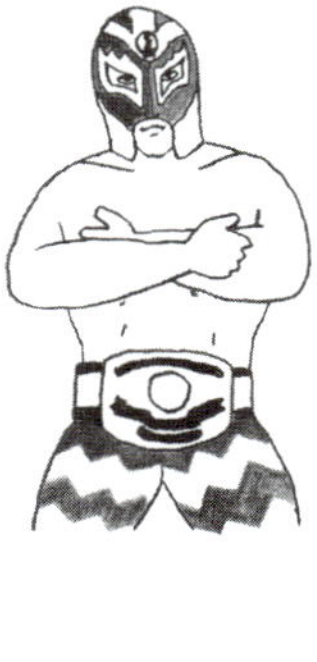

プロレス団体の試合（興行《こうぎょう》）に参加し、リングの上で相手に大技をかけて戦う。相手の技をしっかり受けとめることも大切なので、きたえぬかれた肉体でないと大けがを負う、危険な仕事だ。ほかのスポーツに比べ、選手生命は長い。

プロレスは、戦いを見せるショーとしての側面もあるので、観客を楽しませるキャラクター性も重要だ。多くの場合、ベビー（善）とヒール（悪）にわかれ、役割を演じながら戦う。

プロレスラーになるまで

プロレス団体の入門テストを受けて合格し、下積みを経て、デビューする。ほかのスポーツから転向する人も多い。

こんな君にぴったり 体力がある、人を楽しませるのが好き

神聖な土俵に上がり、技《わざ》と力で勝負する

力士

年に6回おこなわれる本場所が、おもな活躍《かつやく》の場となる。実力に応じて、下は「序《じょ》の口《くち》」から上は「横綱《よこづな》」まで多くの階級にわかれていて、階級の低い力士は所属する「部屋」で生活し、雑用をこなしたり、先輩力士の世話をしたりする。本場所以外にも地方巡業《ちほうじゅんぎょう》や稽古《けいこ》があり、人気力士はイベントへの参加などもあるため、休む間もないほどいそがしい。

十両以上の力士になり、関取《せきとり》とよばれるようになって、はじめて給料がもらえるようになる。成績に応じて支給される褒賞《ほうしょう》金、対戦ごとにかけられる懸賞《けんしょう》金、ファンからの支援《しえん》なども収入となる。

こんな君にぴったり

体力がある、スタミナがある、食べるのが好き

力士になるまで

中学校卒業以上の学歴が必要。相撲部屋《すもうべや》に入門して見習いとなり、年6回おこなわれる新弟子検査を受ける。合格すればその部屋の力士になり、実力に応じて次の場所での番付《ばんづけ》（力士としての順位）が決められる。

入門前に学校の相撲部などで戦いの基礎《きそ》を学んでおくことが多い。

中学・高校
↓
大学の相撲部
↓
新弟子検査
↓
相撲部屋に入る
↓
力士

競走馬にまたがり、ゴールをめざす

競馬騎手

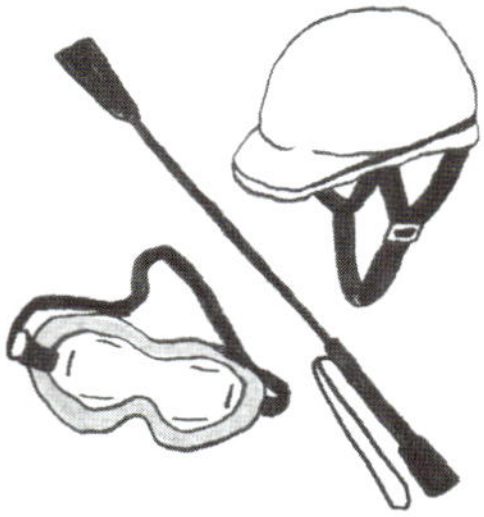

競走馬に乗って競馬レースに出場する。レースには中央競馬と地方競馬があり、基本的には中央競馬の騎手《きしゅ》が地方競馬に出場することはない。レースのたびに異なる馬に乗りながら、1日に何レースも走る。馬に乗る技術だけでなく、馬の性格やコンディションなどを見ぬき、コミュニケーションをとりながら走らせる能力も必要になる。競走馬によって、乗れる体重が決まっているので、減量することもある。

競馬騎手になるまで

中学卒業後、中央競馬はJRA《ジェイアールエー》競馬学校、地方競馬は地方競馬教養センターで学び、試験に合格し騎手免許《めんきょ》を得る。

こんな君にぴったり

小柄《こがら》、馬が好き、バランス感覚がある

強い競走馬を育てる

競馬調教師

馬を飼育する「厩舎《きゅうしゃ》」の管理者として、競走馬のコンディションを整え、訓練をして育てあげる。馬主（馬の持ち主）と相談してトレーニング内容や出場レースを決めたり、どの騎手《きしゅ》をどの馬に乗せるか決めたりする。育てた馬がレースで勝つと、賞金の一部が調教師の収入となる。

はじめのうちは、馬の食事の準備や厩舎のそうじなどをする厩務《きゅうむ》員として経験を積み、実力をつけていく。

競馬調教師になるまで

JRA《ジェイアールエー》競馬《けいば》学校または地方競馬教養センターの厩務員過程で学び、調教師試験に合格する。専門学校などもある。

こんな君にぴったり

馬が好き、計画を立てるのが得意

サーキットで1000分の1秒に命をかける

レーサー

世界各地のサーキットで、レース専用の自動車やバイクに乗って速さを競《きそ》う。マシンの大きさや性能のちがいなどによってさまざまなクラスがあり、クラスによってレベルや賞金も異なる。

ときには命を落とすこともあるほど危険な仕事だが、海外で活躍《かつやく》するトップレーサーのなかには、年に数十億円のお金を稼《かせ》ぐ人もいる。運転技術はもちろん、命を預けるマシンの状態を細かく分析《ぶんせき》することができる専門知識と、それを整備士に正確に伝えるコミュニケーション能力も非常に重要だ。

こんな君にぴったり

動体視力（動いているものを見る能力）がいい

レーサーになるまで

運転免許《めんきょ》をとったあと、日本自動車連盟（JAF《ジャフ》）が発行する国内ライセンスを取得する。レーシングスクールなどで学ぶ方法もある。国内のレースで経験を積んだあと、国際自動車連盟（FIA《エフアイエー》）が発行する国際ライセンスを取得、レーシングチームと契約《けいやく》して、はじめて収入を得ることができる。

運転免許《めんきょ》取得
↓
レーシングスクール
↓
国内ライセンス（JAF）
↓
国際ライセンス（FIA）
↓
レーシングチームと契約
↓
レーサー

チームで戦うスポーツ

個人競技でもチーム競技でも、選手が生き生きと活躍《かつやく》できるのは、陰《かげ》で支えているさまざまな仕事があるからだ。

どんなスポーツでも、競技の前には練習をする。**スポーツトレーナー**は、競技や選手の特性に合ったトレーニング方法や、けがのリハビリテーションのためのトレーニング方法などを考え、指導する。

そのスポーツに合った、体力づくりをすることも大切だ。**スポーツ栄養士**は、栄養とスポーツに対する知識をもとに、競技ごとや選手ごとにどのような栄養が必要かを考え、食事のメニューをつくる。**スポーツドクター**は、栄養士と協力しながら、選手の健康管理をする。選手がけがや病気にかかっている場合は、治療《ちりょう》をサポートする。

スポーツドクターには、医師免許《めんきょ》のほか、禁止薬物に関する知識も求められる。

チーム戦や対戦相手のいるスポーツでは、データを集めて戦略を立てる、**スポーツアナリスト**が活躍する。アナリストはおもに、バレーの分野で広まっている職業だ。

選手たちの緊張《きんちょう》をほぐすのは、**メンタルトレーナー**。選手のカウンセリングをおこない、性格や悩《なや》みに合わせて、大舞台《おおぶたい》で実力を発揮《はっき》する方法などをアドバイスする。

スポットライトを浴びる選手を陰《かげ》で支える

スポーツ用品メーカーではたらく

スポーツ用品メーカーは、機能やデザインに優れた専用シューズなどのスポーツ用品を開発して販売《はんばい》する。さまざまな部署があるが、企画《きかく》や開発、製造、営業など、商品と直接触《ふ》れあう部署ではたらくには、担当する商品を使うスポーツに対する深い知識が必要だ。

多くのメーカーではプロ選手や有名選手とスポンサー契約《けいやく》を結んで、無償《むしょう》で道具を提供し、宣伝の役割も担《にな》ってもらう。選手から使いやすさなどに関する意見を聞き、商品の改良や開発などに役立てている。

こんな君にぴったり

スポーツが好き、人と話すのが好き、道具にこだわりがある

スポーツ用品メーカーではたらくまで

スポーツ用品メーカーに就職する。部活動などを通じてスポーツに対する知識や経験をもっていると就職活動で強みになるが、就職してからスポーツの知識を身につける人も多い。

大切なのは、人の意見をよく聞くコミュニケーション能力や、商品づくりに生かせる柔軟《じゅうなん》性だ。

高校・専門学校・大学（スポーツ科学）

↓

スポーツ用品メーカーに就職

↓

スポーツ用品メーカーではたらく

スポーツ用品メーカーの現場

営業

スポーツ用品店に商品を売りこんだり、学校やチームなどを回って自社の商品を使ってもらったりする。有名選手のスポンサー契約などに関わることもある。

製造部門

多くの商品は機械で大量生産しているが、プロ選手や有名選手が使う最高級の道具は、選手の意見を参考に職人が自らの手で製造することもある。

これもスポーツ用品メーカーの仕事

宣伝をする

広告代理店を通じて、スポンサー契約している選手を使ったテレビCM《シーエム》を制作・放映してもらったり、雑誌や本に広告を掲載《けいさい》してもらったりするのも大切な仕事だ。

スポーツ用品メーカーのこれから

スポーツが多様化して、競争も激化

競技の多様化や健康への関心の高まり、障がい者スポーツへの注目度が集まっていることなどもあり、スポーツ用品は今後ますます必要とされ、その種類も増えていくと思われる。そのぶん、スポーツ用品の品質や機能にこだわる消費者も増えると予想され、今後メーカー同士の競争はますます激しくなるだろう。

仕事データ

■1日の勤務時間

基本的には、朝から夕方まで7～8時間はたらく。

■休日

土日に休むことが多いが、営業の場合、土日に出張や仕事としてのスポーツ観戦、イベントなどが入ることもある。

■関連する仕事

スポーツショップではたらく（→190ページ）

最適なスポーツ用品をアドバイスする

スポーツショップではたらく

スポーツ用品を仕入れて店頭に並べ、お客さんに販売《はんばい》する。テニスやゴルフなど、特定のスポーツ用品だけをあつかう店もあれば、幅《はば》広い分野のスポーツ用品をあつかう店、スポーツブランドの直営店もある。

お客さんに最適な商品をおすすめするために、スポーツに対する幅広い知識をもち、一つひとつの商品の特徴《とくちょう》をよく知っていることが必要になる。また、お客さんの要望を的確に聞き出すコミュニケーション能力、店舗《てんぽ》の演出方法やイベント企画《きかく》などを考えたり、売れそうな商品を見極《みきわ》めて重点的に仕入れたりする経営的なセンスも重要になる。

こんな君にぴったり

スポーツが好き、人にアドバイスするのが得意

スポーツショップではたらくまで

高校や大学を卒業したあとに、スポーツショップに就職するか、アルバイトとして経験を積んで正社員になる。

部活動を通じてスポーツにとりくんでいた人、スポーツ関係の学校や学部を卒業した人、経営について学びながらスポーツをしていた人などが就職しやすい。

高校・大学・専門学校（スポーツ）

↓

スポーツショップに就職

↓

スポーツショップではたらく

選手のコンディションを整える
アスレティックトレーナー

スポーツがおこなわれる現場で、人々のけがの予防や健康管理、応急処置、適切なリハビリテーションなどをおこなう。学校の部活動や一般《いっぱん》の人が通うスポーツジムに立ち会ったり、プロのスポーツチームに所属したりしてはたらく。

スポーツにはけががつきもの。安全に運動をするには、アスレティックトレーナーの存在が必要不可欠だ。日本ではあまりなじみがないが、アメリカでは一般的な職業で、今後さまざまなスポーツが発展していくためにも、注目が集まっている。

こんな君にぴったり

スポーツが好き、人の世話をするのが好き

アスレティックトレーナーになるまで

日本体育協会が認定するアスレティックトレーナー資格を取得する。資格を得られる大学や専門学校を卒業するか、養成講習会を受講して取得する方法がある。

柔道《じゅうどう》整復師や鍼灸《しんきゅう》師、理学療法《りょうほう》士などの国家資格を得てから取得する方法もある。

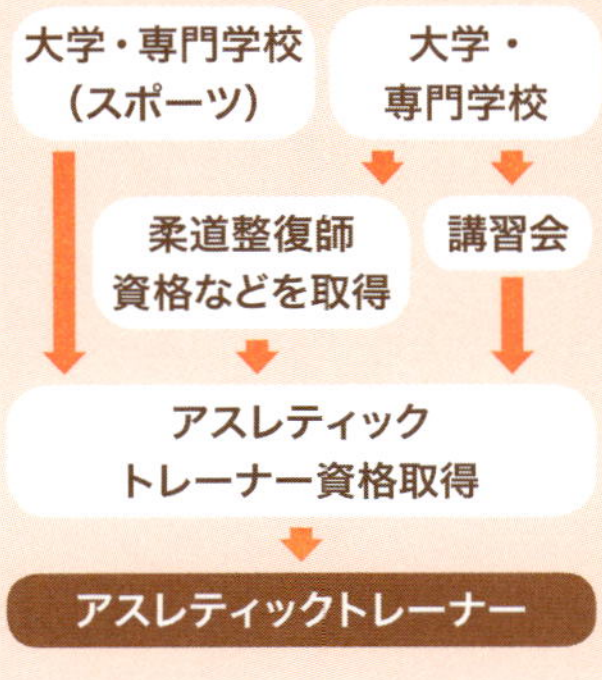

スポーツの楽しさを知ってもらう

スポーツインストラクター

フィットネスクラブや体育館など、さまざまなスポーツ施《し》設《せつ》で、利用者がスポーツを正しく、安全に楽しむことができるように、スポーツの技術や知識について指導する。

利用者の年齢《ねんれい》や運動能力、目的に合わせて、無理がなく効果的なメニューを考える。また、利用者のスポーツに関する悩《なや》みを聞いたり、レッスンの前後に器具の準備やかたづけ、点検などをおこなったりする。

スポーツインストラクターになるまで

スポーツに関する学部、学科をもつ大学や専門学校で学び、スポーツ施設に就職するのが近道だ。民間資格もある。

こんな君にぴったり スポーツが好き、人に教えるのが得意

水中の世界の素晴らしさを人々に伝える

スキューバダイビングインストラクター

空気をつめたタンクを背負って海の深くへ潜《もぐ》るスキューバダイビング。ひとつ間違《まちが》えば命を落とす危険があるため、ダイビングをするには、講習を受けて資格をとる必要がある。この講習をおこなうのがスキューバダイビングインストラクターだ。ときには、ガイド役としてダイビングスポットを案内することもある。経験を積んでダイビングショップを開き、オーナーとして活動する人もいる。

スキューバダイビングインストラクターになるまで

ダイバーとしての経験を積んだ上で、インストラクターになるためのトレーニングを受け、試験を受ける。

こんな君にぴったり 泳ぐのが好き、冷静に判断できる

11章

表現を追求して人々に伝える仕事

アニメーションで世界の人々を魅了《みりょう》する

アニメーション監督

アニメーション監督《かんとく》は、企画《きかく》の打ち合わせからはじまり、制作現場での各工程の内容チェックなど、アニメーションの制作開始から完成までのさまざまな作業をとりしきる。

シナリオを書く脚本《きゃくほん》家、シナリオをもとに絵コンテ（画面ごとにセリフや構図などを指示したもの）やカット（画面の構図）を具体的に組みたてる演出などの仕事を自らの手でおこなう監督も多い。物語の世界をつくりあげる芸術的なセンスに加え、制作に関わる人々をまとめ、引っぱっていく強力なリーダーシップも必要とされる仕事だ。

こんな君にぴったり アニメが好き、絵を描《か》くのが得意、想像力が豊か

アニメーション監督になるまで

アニメーターとして経験を積んで演出家に、さらに経験を積んで監督になる人が多い。高校を卒業後、もしくはアニメーションについて学べる大学、専門学校に通ってから、アニメーション制作会社に就職し、ステップアップする。

高校
↓（→ 大学・専門学校 ↓）
アニメーション制作会社に就職
↓
アニメーター、演出家として経験を積む
↓
アニメーション監督

アニメーション監督の現場

シナリオ会議

脚本家やスポンサーなどとともに、シナリオの内容について話し合う。それぞれの要望をもとに、何度も修正を加えながら、完成度を高めていく。

声優のオーディション

アニメによっては、オーディションをおこなって、声優の配役を決めることもある。監督は、オーディションに立ち会って、役のイメージに合った声優を選びだす。

これもアニメーション監督の仕事

絵コンテを描く

絵コンテは、登場人物の動きや構図、セリフなどを、シーンごとにコママンガのようにしめした、いわばアニメの設計図。監督が自ら描くことが多い。

アニメーション監督のこれから

次々と生まれる作品のなかで個性を発揮《はっき》する

日本のアニメーションは、海外でも高い評価を受けている。アニメーションの作品数も、一昔前とは比べものにならないほど増え、アニメーション監督の必要性も高まっているといえる。ただし、この人気を維持《いじ》できるかどうかは、作品の品質次第。今後、監督になるには、新しい感性や表現方法をもっているかどうかが重要になるだろう。

仕事データ

■1日の勤務時間

基本的には朝から夕方までだが、スケジュールが遅《おく》れ気味になると、会社に泊《と》まりこむことも。

■休日

土日が休みになっていることが多いが、いそがしいとその通りに休めないことも多い。

■関連する仕事

アニメーター（→196ページ）、声優（→234ページ）

キャラクターに命をふきこむ

アニメーター

絵コンテをもとに、アニメが生き生きと動くもととなる、1枚1枚の絵を描《か》く。ずばぬけた表現力が求められる仕事だ。場面ごとの原画を描く「原画」、原画と原画をつなぐ動画を描く「動画」にわけられる。

通常は動画の仕事を数年務めて経験を積んだあと、原画の仕事をすることができるようになり、さらに経験を積むと動画のチェックなども任されるようになる。多くの現場ではパソコンよりも手描きでの作業が、まだまだ主流。とはいえ、最近ではCG《シージー》を使うことも多いので、CGの技術者とシーンの前後を打ち合わせるなどして、アニメをつくりあげる。

こんな君にぴったり

アニメが好き、絵を描くのが得意、集中力がある

アニメーターになるまで

アニメ関連の学部、学科がある大学、専門学校などで絵やアニメの勉強をし、アニメーション制作会社に就職する。高校卒業後すぐに現場へ入る人もいる。

仕事量がとても多く場合によっては賃金も少ないといわれているため、アニメーターをめざすには相当な覚悟《かくご》が必要だ。

高校
↓
大学・専門学校
↓
アニメーション制作会社に就職
↓
アニメーター

アニメが放送されるまで

アニメは、マンガなどを原作につくられることが多い。アニメ化が決まったら、**アニメプロデューサー**、**アニメ制作進行**、**アニメーション監督**（↓194ページ）と、原作の**編集者**（↓212ページ）や**漫画《まんが》家**（↓198ページ）、スポンサー、**テレビ局の編成**の担当者が顔合わせをして、制作がはじまる。

まずは、監督《かんとく》が**脚本家《きゃくほん》**と打ち合わせをして、シナリオをつくる。監督や**アニメ演出家**がセリフや構図などを指示した絵コンテをつくり、それをもとに**アニメーター**（↓196ページ）が原画と動画を描《か》く。原画と動画はコンピューターにとりこまれ、色をつけられる。この作業と同時進行で、**アニメ背景美術**の担当者によって背景の絵が制作されていく。

絵が完成すると、動画と背景を撮影《さつえい》してコンピューター上で合成し、動くアニメーションにする。そして、バラバラに撮影していた場面を並べて1本の話にする編集作業をおこなったあと、**声優**（↓234ページ）によるセリフや効果音などを加え、完成させる。完成後は、最終チェックをして放送される。こうしたたくさんの工程を、制作進行が管理し、スケジュールを組みたてることで、アニメができあがる。

紙とペンで読者に夢を届ける

漫画家

おもに出版社から依頼《いらい》を受けて、漫画《まんが》の原稿《げんこう》を描《か》く。週刊誌などで連《れん》載《さい》漫画を描く漫画家のほか、さまざまな本に書きおろしの漫画を描く漫画家もいる。まずは登場人物やあらすじを考えて、簡単なコマ割りをしめすネームを描く。編集者と話し合ってネームを直し、インクで線を描きこむ「ペン入れ」をする。さらに「トーン」という陰影《いんえい》や色のついたシートをはり、仕上げる。コンピューターで作品を描く人もいる。

人気漫画家の場合、アシスタントに作業を手伝ってもらう。最近は、ネット上で作品を発表して、人気に火がつくこともある。

こんな君にぴったり 漫画が好き、絵を描くのが得意、想像力が豊か

漫画家になるまで

雑誌で活躍《かつやく》する漫画家の場合は、雑誌などがおこなっている新人賞を受賞してデビューする人が多い。アシスタントを経てデビューする人もいる。雑誌以外の本や広告などで活動する場合は、出版社に原稿をもちこんで仕事をもらうことが多い。漫画家をめざす人のための専門学校などもある。

高校・大学・専門学校（漫画）
↓ 新人賞に応募 → 漫画家
↓ 漫画家のアシスタント → 漫画家

漫画家の現場

編集者との打ち合わせ

おもしろい漫画を描くためには、あらすじやネームはとても重要。何度も編集者と打ち合わせを重ね、編集者のアドバイスやアイデアもとりいれながら完成度を高めていく。

映像化の打ち合わせ

漫画は、アニメやドラマなどの映像になることも多い。映像化については、制作スタッフに一任することもあるが、打ち合わせに参加する漫画家もいる。

これも漫画家の仕事

取材に行く

リアリティーのある内容や絵にするために、関係する施設《しせつ》や人物のもとを訪ねて取材をする。いそがしいときには、編集者が集めた資料を参考にすることも。

漫画家のこれから

漫画ブームのなかで、印象に残る作品を描く

漫画がドラマや映画の原作になることが多く、ウェブ上で発表される漫画も人気だ。漫画のニーズや漫画家の活躍の場は確実に広がっているが、これは同時に、ライバルが増えているということでもある。人気漫画家として成功するには、新しい世界観やストーリーなどを生みだす創造性が今まで以上に必要になるだろう。

仕事データ

■ **1日の勤務時間**

連載漫画家はしめ切り前になるといそがしくなり、徹《てつ》夜《や》しなければならないこともある。

■ **休日**

自分で決めることができ、人によってまちまち。人気漫画家になると、ほとんど休みをとれないこともある。

■ **関連する仕事**

編集者（→212ページ）、アニメーション監督《かんとく》（→194ページ）

仲間と協力しておもしろいゲームを世に送りだす

ゲームクリエーター

ゲームができあがるまでには、「企画《きかく》」「デザイン」「プログラミング」「サウンド制作」などのさまざまな過程があり、それぞれの過程で専門的な知識と技術をもった人々が作業にたずさわっている。これらの人々をまとめてゲームクリエーターという。1本のゲームが完成するまでには、100人以上のスタッフが関わることもある。そんなゲーム開発の最高責任者として、予算の管理などをおこなう人をプロデューサーという。また、制作現場にはディレクターとよばれる現場責任者がおり、作業がスムーズにすすむようにスタッフをまとめあげている。

こんな君にぴったり

ゲームが好き、パソコンが得意、冒険《ぼうけん》もののお話が好き

ゲームクリエーターになるまで

ゲームクリエーターは、どの制作過程に関わるかによって、必要となる専門知識が異なる。多くの人は、大学や専門学校などで必要となる知識を学んだあと、ゲーム制作会社やメーカーなどに就職する。なかには、専門的な教育を受けることなく、独学で知識を身につけて就職する人もいる。

高校・大学・専門学校（ゲーム制作）

↓

ゲーム制作会社に就職

↓

ゲームクリエーター

ひとつのゲームができるまで

ゲームを開発するときには、まず企画《きかく》会議をする。**ゲームプロデューサー**や**ゲームディレクター**、アイデアを出す**ゲームプランナー**などが集まって話し合い、企画書を完成させる。

企画書ができると、プランナーが仕様書とよばれるゲームの設計図をつくり、シナリオライターがシナリオを書きおこす。**C《シー》G《ジー》デザイナー**（↓203ページ）が、仕様書にそって、コンピューターでキャラクターや背景などの絵をつくる。そして、**ゲームプログラマー**がプログラミングをおこない、ゲーム機で動くゲームをつくりあげていく。同時に、**サウンドクリエーター**がゲームのなかで使う音楽や効果音などを制作する。

それぞれの部署で制作していたものができあがると、それらを組みあわせてα版《アルファばん》というゲームをつくる。α版にストーリーなどを肉づけし、β版《ベータばん》をつくる。β版では、バグ（不具合）がないか確かめる「デバッグ」という作業をして、修正する。

β版の修正をくりかえしてバグをなくし、最終的にマスター版という完成品をつくりあげる。ゲームが完成したら、プロデューサーを中心に**ゲーム会社の営業**の担当による宣伝活動がおこなわれる。

デザインの力で魅力《みりょく》を伝える

グラフィックデザイナー

おもに文字や写真、イラストを使って、商品の魅力を伝えるカタログや広告などをつくる。広告は、デザインによって商品の売りあげが大きく変わるほどだ。そのため、グラフィックデザイナーは写真やイラストの構図、文字の書体、大きさや配列などを工夫《くふう》して、商品の魅力をわかりやすく表現した広告づくりをおこなう。

仕事は、おもに商品のメーカーや広告代理店、出版社などから依頼《いらい》を受ける。文章を考えるコピーライター、写真を撮《と》るカメラマンなどと協力して、何度も会議を重ねて内容を確認しながら、つくりあげていく。

こんな君にぴったり

パソコンが得意、絵や美術が好き、細部までこだわる

グラフィックデザイナーになるまで

おもに、デザイン関係の大学や専門学校などを卒業し、広告代理店や広告制作会社、メーカー、デザイン事務所などに就職する。

コンピューターのデザインソフトが使えることは、必須《ひっす》条件。自分のこれまでにつくった作品などをファイリングした、自己PR《ピーアール》資料をつくって、就職活動をする。

専門学校（デザイン）　／　大学（美術）

↓

広告代理店などに就職

↓

グラフィックデザイナー

さまざまなデザイナー

世の中のあらゆるものは、**デザイナー**によってデザインされている。デザイナーが手がけているもののうち、もっとも身近なものは、ファッションだ。服やカバンをデザインする**ファッションデザイナー**（→18ページ）、衣類に使う生地《きじ》をデザインする**テキスタイルデザイナー**（→20ページ）、装飾品《そうしょくひん》をデザインする**アクセサリーデザイナー**（→21ページ）がいる。

くらしを支えているデザインもある。**インダストリアルデザイナー**（→150ページ）は、飛行機から文房具《ぶんぼうぐ》まで、さまざまなものをデザインする。**建築家**は、建物をデザインするデザイナーともいえるだろう。建物内部の演出を手がける**インテリアデザイナー**（→28ページ）と協力して、建物をつくる。街なみや景観をつくる**ランドスケープアーキテクト**も、デザイナーのひとりだ。

デザイナーは何かひとつのものを専門にデザインする。そのため、自動車をデザインする**カーデザイナー**（→154ページ）、本のなかの記事などのレイアウトやデザインをおこなう**エディトリアルデザイナー**、コンピューターで立体的な映像や画像をつくる**CG《シージー》デザイナー**など、世の中にあるものの数だけデザイナーがいるのだ。

イラストを通じて文章や商品を引きたてる

イラストレーター

依頼《いらい》の内容に応じて、さまざまなイラストを描《か》く。本や雑誌はもちろん、広告やポスター、商品のパッケージなど活動の場は幅《はば》広く、依頼主も出版社や広告代理店、メーカーなどさまざま。デザイナーなど、ほかの仕事をこなしながらイラストレーターとして活動する人もいる。

依頼主と打ち合わせて、どんなイラストがいいのかを聞き、自分の表現を大切にしながら描きあげる。商品などのイメージに合っていて、多くの人に「いい!」と思ってもらえるように気をつけながらも、自分ならではのタッチを追いもとめることが大切だ。

こんな君にぴったり 絵を描くのが得意、想像力が豊か

イラストレーターになるまで

イラストやデザイン関連の大学や専門学校を卒業した人が多い。ほとんどがフリーランスではたらいている。依頼を受けるためには、イラストの賞を受賞する、個展を定期的に開くなどして、知名度を上げる。もしくは、広告制作会社やデザイン事務所などではたらき、人脈を築いてから独立する。

専門学校・大学(美術)
↓
イラストの賞を受賞
↓
イラストレーター

イラストレーターの現場

ラフ制作

イラストの下描きをラフという。本番のイラストを描く前に、修正しやすいよう鉛筆《えんぴつ》などでラフを描いて、依頼主にチェックしてもらい、要望に合わせて修正する。

イラスト制作

ラフに合わせて本番のイラストを描き、カラー原稿《げんこう》の場合は色をつける。昔はペンや絵筆を使って描いていたが、最近はコンピューターを使って描く人も増えている。

これもイラストレーターの仕事

営業活動

サンプル画集をつくって出版社などに行き、イラストを見てもらうことも大切な仕事。活動内容を紹介《しょうかい》するホームページをつくって、自分を売りこんでいく。

イラストレーターのこれから

デジタル化に対応する

出版・広告業界にはデジタル化の波が押《お》しよせており、修正がしやすくあつかいも簡単なデジタルイラストを求められるケースが多くなると考えられる。紙にペンや絵筆で描いたイラストがなくなることはないが、これからイラストレーターをめざすなら、デジタルイラストを描く技術を身につけておくのもひとつの方法になる。

仕事データ

■1日の勤務時間

フリーランスの場合、仕事の量やスケジュールによって勤務時間はまちまちだ。

■休日

フリーランスに決まった休日はないが、会社勤務の場合、一般《いっぱん》の会社員と同じく土日が休みのことが多い。

■関連する仕事

編集者（→212ページ）、絵本作家（→207ページ）

文章をつむいで物語を書きあげる

小説家

小説を書いて雑誌に発表したり、本として発売したりして読者に読んでもらう。ジャンルは純文学や大衆文学、ミステリー、SF《エスエフ》など非常に幅《はば》広く、若者向けに読みやすく書かれたライトノベルというジャンルも人気を集めている。文章力はもちろん、おもしろい作品を書いて読者を楽しませたり、おどろかせたりしたいというサービス精神と、物語を考え、書きあげる情熱が大切だ。

最近ではAI《エーアイ》（人工知能）と人が共同執筆《しっぴつ》した小説が話題になっている。小説家の仕事のあり方も今後、変わっていくかもしれない。

こんな君にぴったり 読書が好き、想像力が豊か、地道な作業にとりくめる

小説家になるまで

昔は出版社に原稿《げんこう》をもちこむ方法が主流だったが、今ではほとんどおこなわれていない。多くの小説家は、文学賞に応募《おうぼ》して受賞したあと、プロデビューする。

最近はインターネット上で作品を発表して注目を集め、プロになる人もいる。小説家をめざす人のためのスクールなどもある。

文学賞に応募
↓
新人賞を受賞
↓
小説家

絵本作家

独創的な文章と絵で子どもを楽しませる

ストーリーや文章に合わせた絵を描《か》き、絵本をつくる仕事。ほかの人が書いた文章に合わせて絵を描く場合もあるが、ひとりで全ての作業をこなす人も多い。

子どもにもわかりやすく、おもしろい独創的なストーリーを考える創造力と、それを個性的な絵で表現する画力が求められる。イラストレーターや画家として活動をしながら、絵本を発表する人もいる。

絵本作家になるまで

出版社に作品をもちこんで絵本作家になる方法や、絵本コンクールで賞をもらってプロになる方法などがある。

こんな君にぴったり 絵を描くのが好き、お話を考えるのが好き

詩人

短い言葉をつないで心のなかを表現する

詩を書いて文芸雑誌に発表したり、本にまとめて詩集として出版したりする。おもに自分の心の内面を短い文章によって表現するため、するどい感性や豊富な語彙《ごい》力が必要になる。

ただ、作品発表の場は専門の文芸雑誌や新聞など、小説に比べると限られており、詩集が売れる部数も非常に少ない。そのため、詩人としての活動だけで生活していくことは難しく、多くの詩人はほかの仕事をしながら活動している。

詩人になるまで

コンテストへの応募《おうぼ》や雑誌への投稿《とうこう》、ネット上での作品発表などを通じて注目され、活動を広げていく人が多い。

こんな君にぴったり 心にうかんだことを素直に伝えられる

音楽に言葉をのせて、人々に感動をあたえる

作詞家

曲に言葉をのせて、作詞をする。できている音楽に合わせて作詞をする方法と、作詞を先におこなう方法がある。作詞家は、依頼《いらい》されたテーマや曲のイメージにそって物語をつくるように作詞をすることが多い。

レコード会社などと契約《けいやく》して仕事をする人もいるが、多くの作詞家はフリーランスで活動している。小説家や詩人が作詞家を務めることもある。

作詞家になるまで

コンテストなどで入賞したり、バンドなどの音楽活動を通じて作詞を依頼されるようになったりすることが多い。

こんな君にぴったり 音楽が好き、曲を聞くとき歌詞が気になる

人々が感動し、楽しめる曲をつくる

作曲家

Ｊ《ジェイ》ポップや歌謡曲《かようきょく》、演歌などのほか、ＣＭ《シーエム》やゲーム、クラシック音楽など、作曲家の活動範囲《はんい》は幅《はば》広い。楽団などからオリジナル曲の作曲を依頼《いらい》されることもある。事務所に所属したり、レコード会社などと契約《けいやく》したりして活動する人もいれば、フリーランスとして活動する人もいる。最近では、コンピューターの作曲ソフトなどを使って自作した曲をインターネットで発表し、注目されて作曲家になる人もいる。

作曲家になるまで

音楽関係の学校を出てレコード会社などで経験を積んだり、バンド活動を経たりして作曲家になる人が多い。

こんな君にぴったり 音楽が好き、曲をつくったことがある

美しい歌声で聴衆《ちょうしゅう》を魅了《みりょう》する

声楽家

オーケストラなどをバックに、オペラやクラシックの楽曲などを歌う。幼いころから専門的な音楽教育を受けて、声楽家をめざす人が多い。イタリア語やドイツ語など、外国語で歌う曲が多いので、歌のうまさはもちろん、外国語にも精通していなければならない。

声楽家として有名になれるのは、ごくひとにぎり。レッスン講師やアルバイトをしながら活動している人もいる。

声楽家になるまで

おもに音楽大学で学んだあと、歌劇団などに所属し、コンクールやオーディションをくりかえしてデビューをめざす。

こんな君にぴったり 声量がある、歌うのが好き

するどい音感でピアノの音色を整える

ピアノ調律師

ピアノは、時間とともに音程や音の響《ひび》き方、鍵盤《けんばん》やペダルを弾《ひ》いたときの重さなどが変化する。最もよい音が出るように、ピアノのメンテナンスをするのがピアノ調律師だ。

調律師の仕事には、音階を整える「調律」のほか、音の質を高める「整調」や演奏者が望む音色に仕上げる「整音」などがある。ピアノの構造に関する知識に加え、微妙《びみょう》な音を聞きわける繊細《せんさい》さも必要な専門職だ。

調律師になるまで

音楽大学で調律を学び、国家資格のピアノ調律技能士資格を取得する。その後、楽器店やメーカーなどに就職する。

こんな君にぴったり 音感がある、ピアノが好き

キャンバス上に自分の世界を表現をする

画家

依頼主《いらいぬし》の注文に応じて絵を描《か》いたり、個展やグループ展などの展示会を開いて絵を販売《はんばい》したりして収入を得る。日本画や洋画、版画などにわけることができるが、最近ではコンピューターによる作品もある。

イラストレーターが注文に応じてあらかじめ決められた内容の絵を描くのに対して、画家はおもに自分が描きたいテーマを描く。そのために収入も不安定で、画家として生活できる人はごく一部だ。多くの画家は、絵画教室の講師などを務めるかたわら、画家として活動している。

こんな君にぴったり

絵で表現したいことがある、忍耐強《にんたいづよ》い

画家になるまで

独学で画家になる人や、有名な画家に弟子入りして画家になる人もいるが、美術系の大学で専門的な技術を学ぶのが一般《いっぱん》的。

卒業後は、社会人としてはたらきながら、絵画展に出品して実績を積み、芸術家の団体に入るなどして、画家としてステップアップしていく。

大学・専門学校（美術・芸術）
↓
絵画展に出品
↓
画家

若手アーティストを世に送りだす

ギャラリスト

ギャラリーや画廊《がろう》を経営して、自分が見出したアーティストの個展を開くなど、さまざまな企画《きかく》や宣伝を通じて、作品を世に送りだす。

また、作品を仕入れて、収集家などに販売もする。収集家は海外にも多いので、外国語が話せると役に立つ。芸術作品の価値を判断できる鑑賞力《かんしょう》と、才能を人々に売りこむ宣伝マンとしての能力が求められる。

ギャラリストになるまで

ギャラリーに就職し、経験を積んで独立する人が多い。美術関連の大学などを出ていると就職しやすいこともある。

こんな君にぴったり がんばっている人を見ると応援《おうえん》したくなる

美術品を生き生きとよみがえらせる

美術修復家

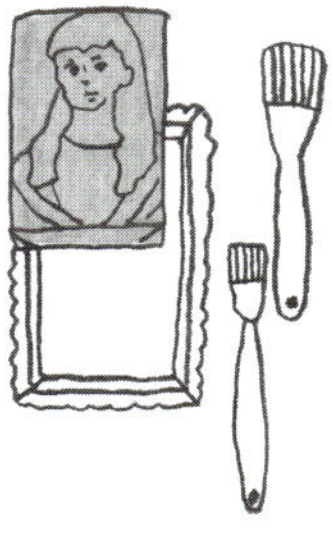

傷がついたり、古くなって傷《いた》んだりした美術品を修復し、できるだけ以前に近い状態にもどす。絵画や彫像《ちょうぞう》、建築物など対象はさまざまで、専門分野が決まっている人も多い。修復する技術はもちろん、年代によって材料や技法が異なるので、幅《はば》広く知識を身につけなければならず、一人前になるまでには10年以上の経験が必要といわれている。国宝を修復するには、国宝修理装こう師連盟に認定を受け、加盟する。

美術修復家になるまで

美術大学や専門学校などで知識を身につけて修復工房《こうぼう》に就職する方法や、修復家に直接弟子入りする方法などがある。

こんな君にぴったり 美術作品や工芸作品が好き

読者の目線でおもしろく、ためになる本をつくる

編集者

ライター（→214ページ）やイラストレーター（→204ページ）、エディトリアルデザイナー（→203ページ）などの仕事をまとめあげ、1冊の本をつくりあげる。スケジュールや内容の管理を自分で直接おこなう場合と、外部の制作会社に依頼《いらい》して間接的に管理をおこなう場合がある。

制作期間が短い雑誌などは、企画《きかく》ごとに編集者が決まっていて、1冊に多くの編集者が関わっている。漫画《まんが》や小説の場合はそれぞれの作家に決まった編集者がつき、作家と二人三脚《さんきゃく》で作品をつくりあげることが多い。実用書や児童書など、ジャンルによって編集者の仕事内容も異なる。

こんな君にぴったり 本が好き、好きなことにのめりこむ、こだわりが強い

編集者になるまで

出版社や編集プロダクションに就職する。大学卒業以上の学歴を求められることがほとんど。特に大手出版社で採用される人は、有名大学を卒業していることが多い。

また、アルバイトとしてはたらき、正社員をめざす方法もある。なかには、経験を積んで独立し、フリーランスとして活動する人もいる。

大学
↓
出版社に就職
↓
編集者

編集者の現場

取材

編集する本によっては取材や撮影《さつえい》が必要な場合もある。自分で取材をすることもあれば、インタビュアーを担当するライターやカメラマンに、同行することも。

書店

本が多くの人に読んでもらえるよう、編集者が営業活動をすることもある。書店に行って売りこんだり、関連イベントの企画をもちこんだりする。

これも編集者の仕事

資料集め

小説家などの担当編集者になった場合、原稿《げんこう》の依頼や受けとり、進行管理だけでなく、小説家の要望に応じて小説に関する資料集めなどもおこなうことがある。

編集者のこれから

出版不況《ふきょう》に負けない本づくり

本の発行点数は年間8万冊を超《こ》え、ここ10年以上では大きな落ちこみは見られない。一方で、スマートフォンの普《ふ》及《きゅう》や電子書籍《しょせき》の広まりなどにより、本の販売《はんばい》額は年々減っている。そんななかで、より人々に必要とされるおもしろい本を企画して、つくりあげる、タフな編集者が求められていくだろう。

仕事データ

■1日の勤務時間

本の制作期間によってまちまちだが、しめ切りの直前には会社に泊《と》まりこむほどいそがしくなることもある。

■休日

制作期間が長い本の場合は土日が休日になることが多いが、雑誌などは発売周期によって休日が異なる。

■関連する仕事

漫《まん》画《が》家(→198ページ)、小説家(→206ページ)

記事を書いて読者に知識や話題を伝える

ライター

おもに本や雑誌などで、決められたテーマについて取材や資料収集をして記事を書く。多くのライターは自分の得意分野をもっていて、フリーランスとして編集者（→212ページ）などから仕事の依頼《いらい》を受けて仕事をしている。なかには、出版社と契約《けいやく》して専属ライターとしてはたらいている人もいる。最近は、インターネット上で見ることができるウェブマガジンの制作会社と契約して記事を書くライターも多い。

ライターになるまで

出版社などの募集《ぼしゅう》に応募《おうぼ》する。編集プロダクションに勤務して人脈をつくったあと、独立してライターになる人が多い。

こんな君にぴったり 文章を書くのが得意、もの知り

海外の名作を日本に伝える

翻訳家

外国語で書かれた文章を日本語に翻訳《ほんやく》する。出版社の依頼《いらい》を受けて海外の本を翻訳する出版翻訳、会社などの依頼で仕事上の書類を翻訳する産業翻訳のほか、映画やドラマの翻訳などもある。外国語を理解する能力はもちろん、その国の文化や生活習慣などにも通じていなければならない。また、仕事の書類を翻訳する場合には、その仕事に関する専門知識も必要になる。英検や翻訳関係の資格などをもつ人が多い。

翻訳家になるまで

大学や翻訳関係の専門学校などを出て、翻訳会社に就職する。経験を積み、人脈をつくったあと、独立する人もいる。

こんな君にぴったり 外国文化が好き、得意な外国語がある

1冊の本が書店に並ぶまで

たった1冊の本でも、たくさんの人が関わってできあがっている。

まず**編集者**（↓212ページ）が企画《きかく》を立て、企画について出版社内で会議をする。制作が決まると、編集者は、**ライター**（↓214ページ）や**小説家**（↓206ページ）、**イラストレーター**（↓204ページ）に仕事を依頼《いらい》する。ネット上で文章を書いて、広告収入を得ている**ブロガー**に依頼することもある。

文章や絵などの材料がそろうと、編集者はそれらの内容をチェックして、**エディトリアルデザイナー**に渡《わた》す。デザイナーは、紙面のレイアウトを考える。

デザインが完成すると、編集者は**印刷会社の職員**にそのデータを渡して、校正紙(ゲラ）とよばれる紙が印刷される。ゲラは、編集者や**校正者**が、文字がまちがっていないか、絵はきれいに印刷されているか、くまなくチェックする。問題がなければ印刷所で印刷し、製本（本の形にすること）する。

完成した本は、おもに取次《とりつぎ》会社という会社を通じて書店に届けられ、販売《はんばい》される。**取次《とりつぎ》会社の職員**は、書店に対して仕入れる本のアドバイスなどもおこなう。このような書店に対する営業活動を、**出版社の営業の担当者**がおこなうこともある。

新聞記者

取材と原稿《げんこう》執筆《しっぴつ》を精力的にこなす

おもに新聞社の編集局という場所に所属して、取材、原稿執筆などの仕事をこなす。編集局は、事件だけでなく、政治や経済、生活、文化、スポーツなどあつかう分野によってさまざまな部にわかれており、多くの新聞記者はいずれかの部に所属して活動している。最初は地方支局や、校正をおこなう校閲《こうえつ》部などに配属され、仕事ぶりを認められると取材、執筆《しっぴつ》をおこなうことができるようになる。できるだけ新しい情報を手に入れ、短い時間で記事にしなければならないので、勤務時間は非常に不規則でいそがしく、体力も必要だ。

こんな君にぴったり

人の話を聞くのが得意、知りたいことは徹底《てってい》的に調べる

新聞記者になるまで

おもに大学や大学院を卒業して、新聞社に就職する。かつては幅広《はばひろ》い知識が求められ、就職希望者も文系学部の出身者が多かったが、最近は理工系の専門知識をもっている人も求められるようになっている。また、海外支局がある大手新聞社では、語学力が大きな武器になることがある。

大学（人文社会）
↓
新聞社に就職
↓
新聞記者

世の中の問題を多くの人に伝える
ジャーナリスト

さまざまな事件や話題について取材して原稿《げんこう》にまとめ、本として出版したり、新聞や雑誌に掲載《けいさい》したり、テレビに出演してニュースを伝えたりする。政治や経済、音楽、スポーツなど、専門分野をもっていることがほとんどで、おもにフリーランスとして活動している。

事実をありのままに伝えるだけでなく、どんな問題があるのかスポットをあてて、その原因や背景をほりさげて解説し、解決策や今後の展望などにも触《ふ》れる。報道をする上で、人を傷つけたり、まちがった情報を紹介《しょうかい》したりしないよう、注意をはらうことも大切だ。

こんな君にぴったり

社会問題に関心がある、人の話を聞くのが得意

ジャーナリストになるまで

政治の分野では、新聞社やテレビ局などに勤務したあと、独立してジャーナリストになる人が多い。ほかの分野でも、その分野に関連する仕事で知識を身につけ、人脈を築いて独立する人がほとんどだ。出版社などに原稿をもちこんで実績を積み、ジャーナリストとして成功する人もいる。

大学（人文社会）
↓
新聞社などに就職
↓
経験を積んで独立
↓
ジャーナリスト

短い言葉で商品の魅力《みりょく》を伝える

コピーライター

雑誌やポスター、テレビなどで目にする広告の文章「コピー」を考える。おもに広告代理店に勤めているが、フリーランスとして広告代理店から仕事の依頼《いらい》を受ける人もいる。

コピーのなかでも、特に数文字から十数文字ほどの短い文で表現される「キャッチコピー」は、商品の売りあげを左右するほど影響《えいきょう》力が大きい。そのため、コピーライターは消費者の目を引き、商品の魅力やセールスポイントを的確に伝えるキャッチコピーをひとつつくりだすために、ときには100以上もの案を考えることもある。

こんな君にぴったり

発想力がある、物知り、流行に敏感《びんかん》、語彙《ごい》力がある

コピーライターになるまで

多くの場合は、大学や専門学校、コピーライターの養成講座などを経て広告代理店や広告制作プロダクションなどに就職し、会社所属のコピーライターとして活動する。経験を積んで人脈をつくったのちに独立し、事務所を立ちあげたり、フリーランスになったりして活動する人もいる。

大学・専門学校
↓（または → 養成講座 ↓）
広告代理店などに就職
↓
コピーライター

広告をつくり、商品の売りあげアップをめざす

広告代理店ではたらく

広告には、雑誌や新聞に載《の》せるもののほか、ポスター、テレビCM《シーエム》、インターネット上に表示されるものなど、さまざまな種類がある。広告代理店は、企業《きぎょう》や団体からの依頼《いらい》でこれらの広告をつくり、商品などを宣伝する。おもに仕事を受けたり、スケジュール管理をしたりする営業部門、コピーライターやデザイナーなどと広告を制作する制作部門、市場の分析《ぶんせき》などをおこなって売れる商品などを提案する企画部門《きかくぶもん》などがある。また、テレビCM、ラジオCMなど、あつかう広告によっても、部署がわかれている。

こんな君にぴったり

好奇心《こうきしん》が強い、行動力がある、流行に敏感《びんかん》

広告代理店ではたらくまで

多くの広告代理店では大学卒業以上の学歴が必要とされており、ほかの業種と比べて人気も非常に高い。制作部門はデザインや映像などの専門知識が評価されることが多いが、ほかの部門ではむしろ幅《はば》広い知識と高いコミュニケーション能力、問題解決能力をもつ人が求められている。

大学・大学院
↓
広告代理店に就職
↓
広告代理店ではたらく

スタッフと協力し、おもしろい番組をつくる

テレビディレクター

テレビ番組の制作には、数十人から多いときには100人以上のスタッフが関わっている。テレビディレクターは、最高責任者であるテレビプロデューサー（→222ページ）の指示のもと、現場でスタッフをまとめる。

現場では、プロデューサーやスポンサーの希望通りの内容で、視聴《しちょう》者を引きつける番組をつくるために、カメラマンや音声スタッフ、大道具担当者などに指示を出す。ドラマなどの場合は、出演者に演技指導をすることも。カメラマンや、音響《おんきょう》、照明などのさまざまなスタッフが担当する仕事内容について理解している、制作の専門家だ。

こんな君にぴったり　テレビが好き、想像力が豊か、体力がある

テレビディレクターになるまで

大学や専門学校などを卒業したあと、制作プロダクションやテレビ局に就職する。AD（アシスタントディレクター）として経験を積み、実績を認められるとディレクターになることができる。

制作プロダクションに就職して、番組のディレクターになる人も多い。経験を積んで人脈を築き、フリーランスになる人もいる。

大学・専門学校（放送）
↓
テレビ局などに就職
↓
ADとして経験を積む
↓
テレビディレクター

テレビディレクターの現場

企画《きかく》会議

番組全体の最高責任者であるプロデューサーとともに企画会議に出席し、放送作家（→222ページ）などと相談しながら、放送時間や制作費などについて決定する。

ロケ

番組の収録は、スタジオか外でおこなう。外でおこなう収録はロケとよばれ、撮影《さつえい》の許可をとったり、必要なものを準備したりして、収録をすすめる。

これもテレビディレクターの仕事

編集作業や原稿《げんこう》づくり

映像編集者とともに、放映時間に合わせて使う映像を選んでつなぎあわせる。

また、映像に合わせてナレーションの原稿をつくることもある。

テレビディレクターのこれから

テレビ離《ばな》れに立ち向かう

スマートフォンやパソコンの普及《ふきゅう》、衛星放送などの広まりによるテレビの多チャンネル化などが原因で、特に若い世代を中心に通常のテレビ番組を見る習慣がなくなりつつあるといわれている。これからのテレビディレクターは、いい番組をつくって視聴《しちょう》者を引きつけるために、今までにない新しい企画や切り口を考える努力が必要になる。

仕事データ

■1日の勤務時間

収録が深夜におよぶことも多く、生放送は放送時間に合わせて勤務することもあるため、非常に不規則。

■休日

番組や収録のスケジュールに合わせて休日をとるため、土日に休めることはほとんどない。

■関連する仕事

テレビプロデューサー（→222ページ）

テレビ番組制作の最高責任者

テレビプロデューサー

プロデューサーは制作統括《とうかつ》ともよばれ、最高責任者として、あらゆる決定権をもつ。企画《きかく》のチェック、予算や出演者の決定、スケジュール管理など、仕事内容は幅《はば》広い。

決定権をもつ半面、問題が起きたときには責任も問われる。できあがった作品が、だれかを傷つけるなど、倫理《りんり》的に問題がないか確認することも大切だ。優秀《ゆうしゅう》なスタッフや出演者をそろえる人脈、強いリーダーシップなどが求められる。

テレビプロデューサーになるまで

テレビ局や制作プロダクションに就職し、制作現場で10年以上の経験を積み、実績を認められて、プロデューサーに。

こんな君にぴったり テレビが好き、リーダーシップがある

番組のシナリオを考える

放送作家

テレビやラジオのバラエティ番組や音楽番組などの、企画《きかく》を考え、進行台本をつくる仕事。

おもしろくて、見ごたえのある番組の企画を考えてプレゼンをして、企画が通ると進行台本をつくる。進行台本は、出演者のセリフやナレーションなども考えてつくる。特にバラエティ番組は、放送作家の腕《うで》の見せどころ。お笑い芸人のおもしろさを引きだす企画や台本を考えている。

放送作家になるまで

番組制作会社などに就職して経験を積み、放送作家に。芸人から転向する人、コンテストに入賞した人などもいる。

こんな君にぴったり テレビやラジオが好き、想像力が豊か

テレビ番組ができるまで

テレビ番組の制作は、企画《きかく》会議からはじまる。会議では**テレビプロデューサー**（→222ページ）や**テレビディレクター**（→220ページ）、局の営業担当者を交えて番組のコンセプトなどを決めたり、放送作家の出した企画について話し合ったりして、どんな番組をつくるか決める。**テレビ局の営業**の担当者が、スポンサーに売りこみ、番組をつくることが決まったら、制作会議を開き、スタッフと内容についてさらに細かく決める。

会議で決まったことをもとに、ディレクターが構成表や台本、スケジュールなどをつくり、収録に向けて準備を整える。

カメラマンや**音響《おんきょう》スタッフ**、**照明スタッフ**などとともに収録本番へ。屋外で**レポーター**や**アナウンサー**によるロケーション撮《さつ》影《えい》（ロケ）がおこなわれるときには、**AD**《エーディー》（アシスタントディレクター）が事前にロケハン（下見）をする。

収録後は、ディレクターや**映像編集者**が映像をつなぎあわせる編集作業をおこない、音響スタッフによって音楽や効果音が、**ナレーター**によってナレーションが加えられる。できあがった番組は、**テレビ局の編成**の担当者などでチェックを受けて、テレビで放映されるのだ。

ラジオ番組で聴取《ちょうしゅ》者にすてきな音楽を届ける

ラジオＤＪ

ラジオの音楽番組でトークをしたり、音楽を流したりして、番組を進行させる仕事だ。ラジオＤＪ《ディージェー》は音楽番組を担当する人をよぶことが多い。ラジオ番組の進行に加えて天気、交通、くらしなどの情報を伝える人は、ラジオパーソナリティーとよばれる。

ラジオＤＪは、基本的に流す音楽を自分で選ぶため、音楽に対する幅《はば》広い知識が必要になる。番組に寄せられたメッセージを紹介《しょうかい》しながら、個性的な話しぶりで聴《き》く人を引きこんでいく。芸能活動や音楽活動をしながらラジオＤＪとして活動している人も多い。

こんな君にぴったり

ラジオが好き、人と話すのが好き、音楽が好き

ラジオＤＪになるまで

一般《いっぱん》的には、タレント事務所に所属しながら、放送局のオーディションに合格するとラジオＤＪになれる。一般の人向けのオーディションや募集《ぼしゅう》がおこなわれることもある。普段《ふだん》からさまざまな音楽をチェックしたり、幅広いジャンルの情報を集めたりして、音楽に対する知識を深めておくことが必要だ。

タレント事務所
↓
オーディション
↓
ラジオ番組に抜擢《ばってき》
↓
ラジオDJ

12章

映画・音楽・舞台《ぶたい》をつくりあげる仕事

映画をヒットさせる

映画配給会社ではたらく

映画を上映する権利を買いつけ、上映する映画館を決めて、宣伝をするのが配給会社の仕事だ。

日本映画の場合は、映画を制作する会社が配給（自社の映画を映画館に売る営業）、宣伝までおこなう場合も多い。海外の映画の場合は、映画祭やフィルムマーケットに出かけ、これだと思う映画を見つけて、契《けい》約《やく》を結び日本で上映する権利を得る。映画を上映する映画館を確保し、より多くの人に観てもらうため、さまざまな方法で宣伝する。映画の宣伝を専門に担当する映画宣伝会社もある。

こんな君にぴったり　映画が好き、交渉《こうしょう》力がある、気配りができる

映画配給会社ではたらくまで

大きな会社で新卒採用がある場合は大学、大学院卒の学歴が求められることもあるが、定期的な採用や大量採用は少ない。

中途《ちゅうと》採用の場合は、経験者が優遇《ゆうぐう》される。知り合いから紹介《しょうかい》されることも多いので、アルバイトなどから経験を積み、映画関係の人脈を広げておく方法も有効だ。

大学・大学院
↓
映画配給会社に就職
↓
映画配給会社ではたらく

映画配給会社の現場

映画祭やフィルムマーケット

大きな映画祭では、出品作品も多いので、1日中映画を観ることも。有名な監督《かんとく》の映画は、撮影《さつえい》前に権利を買い、上映は数年後、映画が完成してからというケースも。

映画館

日本中に何百もある映画館で、上映の交渉をする。スクリーンがたくさんあるシネコン（シネマコンプレックス）からミニシアターとよばれる単館まで、規模はさまざま。

これも映画配給会社の仕事

来日会見や舞台《ぶたい》あいさつ

映画公開日には、劇場で出演者が舞台あいさつをする。海外の俳優が来日するときは会見を開くことも。配給会社職員が、俳優の移動や宿泊《しゅくはく》手段を手配する。

映画配給会社のこれから

売り上げが落ちこむ映画業界全体を盛りあげる

映画がヒットすれば、原作本や主題歌、DVD《ディーブイディー》の売り上げにもつながり、利益も大きい。近年は、大きなヒットを飛ばす作品がある半面、映画館の来場者数はそんなに増えていない状況《じょうきょう》だ。今後は、配給会社をはじめとして、映画業界が一丸となって、劇場に人をよびこみ、映画に興味をもってもらえるような、工夫《くふう》もしていく必要があるだろう。

仕事データ

■1日の勤務時間

会社の勤務時間とは関係のない、外部との交渉や連絡が多く、いそがしい時期は長時間勤務になることも。

■休日

観客が集まる土日は、観客の反応をチェックしたり、イベントをおこなったりすることも。

■関連する仕事

映画監督《かんとく》（→228ページ）

大勢のスタッフを指揮して、映画を完成させる

映画監督

映画監督《かんとく》は、映画づくりの全ての工程をとりまとめる、指揮者のようなもの。ひとつのシーンの撮影《さつえい》だけでも、撮影する場所、小道具や衣装《いしょう》、俳優のせりふや演技、どのように撮影するのかというカメラワーク、照明、音楽など多くのことを、決めなくてはならない。これらを全体のストーリーとの関わりのなかで、決定して、スタッフや俳優に指示を出していく。コミュニケーションをとりながら、イメージした映像を完成させる情熱と力量が必要だ。映画づくりに必要な資金集めは、普通はプロデューサーが担当するが、監督《かんとく》がおこなうこともある。

こんな君にぴったり　好きなことにのめりこむ、想像力豊か、映画が大好き

映画監督になるまで

映像制作会社で経験を積む、コマーシャルやドラマの演出から転向する、フィルムコンテストで受賞するなど、映画監督の経歴はさまざま。商業映画か、自主制作映画かによっても、監督になる方法は異なる。いずれの場合でも「映画監督になりたい！」という強い思いが大切だ。

大学・専門学校（映像系）
↓
フィルムコンテストで受賞
↓
映画監督

映像や芝居《しばい》のベースになるストーリーを組みたてる

脚本家

映画やテレビドラマ、芝居、アニメーション、ゲームなどの脚本《きゃくほん》（シナリオ）を書く仕事だ。脚本は、場面や状況《じょうきょう》を説明する「柱」、登場人物の「セリフ」、登場人物の行動などをしめす「ト《と》書《が》き」から構成され、これをもとに映像がつくられる。脚本には一からストーリーをつくりあげるオリジナル作品と、小説や漫画《まんが》などを原作にする作品とがある。

脚本が書きあがると、監督《かんとく》やスタッフとともに打ち合わせをし、よりよい作品をつくるために、何度も直すこともある。映画監督のなかには、自ら脚本を書く人もいる。

こんな君にぴったり

映画やドラマが好き、文章を書くのが得意、想像力豊か

脚本家になるまで

芸術系の大学や専門学校、養成学校などで脚本の書き方を学び、シナリオコンクールなどで賞をとり、デビューする。一部の学校では、映画会社などとつながりがあり、脚本家のアシスタントなどの募集《ぼしゅう》がかけられることも。そこから業界に入っていく人もいる。

大学・専門学校（芸術）
↓ シナリオコンクール → 脚本家
↓ 養成学校 → 脚本家

ダイナミックな映像の立て役者

スタントマン

映像作品の危険なシーンを、俳優に代わって演じる仕事だ。燃えさかる高層ビルからの脱出《だっしゅつ》などの事故や災害のシーン、激しい格闘《かくとう》シーン、猛《もう》スピードで危険な場所を運転するカーアクションのシーンなどがある。危険な撮影《さつえい》をこなす高い運動能力と集中力、冷静な判断力が求められる。

特撮《とくさつ》映画や戦隊ものの番組で、変身ヒーローや怪獣《かいじゅう》の着ぐるみに入って演技する「スーツアクター」もスタントマンだ。

スタントマンになるまで

アクションタレントの事務所などが開いている養成所で技術を身につけ、その後俳優として契約《けいやく》することが多い。

こんな君にぴったり 運動神経に自信がある、勇気がある

最高の瞬間《しゅんかん》をレンズにおさめる

カメラマン

カメラで写真や映像を撮影《さつえい》する仕事。写真のカメラマンは、本などにのせる写真を撮《と》ったり、写真集を発表したりする。映像を撮るカメラマンも、作品を制作して、コンペに応募《おうぼ》したり、展示をして発表したりする。映画などのカメラマンは、監督《かんとく》の要望に応えるため、カメラの位置や角度、動き、シーンの明るさなどを細かく打ち合わせて撮影する。技術はもちろん、イメージを具体化するセンスが求められる。

カメラマンになるまで

映像系の学校で学び、映像制作の会社などに就職。助手として経験を積む。フィルムコンテストに応募する方法も。

こんな君にぴったり カメラが好き、気配りができる

1本の映画ができるまで

映画のエンドロールには、たくさんの人の名前が並ぶ。それだけたくさんの人が関わって、1本の映画がつくられている。

映画づくりは、**映画プロデューサー**と**映《えい》画監督《がかんとく》**（→228ページ）が映画の企画《きかく》を立てるところからはじまる。企画が決まると、プロデューサーは出資者を探して、**脚本家《きゃくほんか》**（→229ページ）が脚本を書きはじめる。

脚本ができると、監督は撮影場所を決めるロケーション・ハンティングをする。**映画制作**のスタッフは、スケジュールを管理し、監督の希望の**俳優**（→237ページ）に出演交渉《こうしょう》をする。

撮影現場では俳優や**スタントマン**（→230ページ）などの出演者、**カメラマン**（→230ページ）や**照明スタッフ**、**音響スタッフ**の技術スタッフに加え、一般《いっぱん》から募集《ぼしゅう》された**エキストラ**も集まる。ストーリーの順番で撮影するとは限らないので、**スクリプター**は、前後のシーンが違和感《いわかん》なくつながるように記録して、撮影時にスタッフに伝える。

撮影中の食事や宿の手配、スケジュールの調整などは制作が担当。撮影終了《さつえいしゅうりょう》後は、**映像編集者**と監督が中心となり、撮影した映像を効果的にまとめて、音楽やタイトルなどを入れて完成させる。

芸をみがいて、人々を笑顔《えがお》にする

お笑い芸人

人を笑わせ、「おもしろい！」と思わせるのが仕事だ。しゃべりのおもしろさ、決めのギャグ、体をはったリアクション、コンビ（ふたり）やトリオ（3人）でのまんざいやコントなどで、人々の笑いを誘《さそ》う。

おもしろさが認められ、名前が知られてくると、テレビ番組でレポーターをしたり、場を盛りあげるコメントをする立場になったり、番組の司会を任されたりと活動の場も広がる。その分、自分たちが演じるネタ（題材）だけでなく、さまざまな場での笑いも求められる。きらりと光る個性と、ほかの出演者と場の雰囲気《ふんいき》をつくるバランス感覚が必要。

こんな君にぴったり

だれかを大笑いさせたことがある、想像力豊か

お笑い芸人になるまで

芸人養成所に通ったり、活躍《かつやく》している芸人に弟子入りしたりして、お笑いを学ぶ。

ネタを見せる番組や、オーディションに挑戦《ちょうせん》して、評価されれば芸能事務所などに所属できる。養成所の場合は、才能が花開けば、そのまま事務所に所属することもある。いずれも厳しい世界だ。

養成所　オーディション

↓

芸能事務所に所属

↓

お笑い芸人

お笑い芸人の現場

ショッピングモールなどでのイベント

イベントの盛りあげ役を務める。こうしたイベントへの出演は「営業」という。若手に多い仕事で、直接観客の反応を感じながら、個性やネタの完成度を高められる。

劇場

お笑い芸人は、定期的に劇場でライブをおこなっている。若手は、小さな劇場でおこなうが、人気のお笑い芸人になると、大きな劇場を使って、たくさんの人が集まる。

これもお笑い芸人の仕事

ネットでの動画配信

インターネットの動画サイトは、日本だけでなく世界にアピールできる場だ。ネット上で配信した動画がきっかけで大ブレイクしたお笑い芸人もいる。

お笑い芸人のこれから

人気が出てからが大変

さまざまなメディアがある現在、ひょんなことから一躍《いちやく》人気芸人の仲間入りをすることもある。しかし、人気を維《い》持《じ》していくことは難しい。人の好みは変化する上、人気が出ると短期間で何度もメディアに出演することになるので、あきられてしまうのだ。つねに今何が求められているかを感じとり、自分流の笑いにするセンスが求められる。

仕事データ

■**1日の勤務時間**

人気が出て多忙《たぼう》な時期は、自由な時間はほとんどない。仕事が少なければ芸をみがくことに時間をかける。

■**休日**

営業や劇場ライブは、人が集まる土日がメイン。テレビ番組の収録も、土日が休日ということはない。

■**関連する仕事**

落語家(↓166ページ)、放送作家(↓222ページ)

声だけの演技で見る人を引きこむ

声優

声の演技で、魅力《みりょく》的なキャラクターをつくりあげたり、その場の情景を浮《う》かびあがらせたりして、人々を楽しませる仕事だ。アニメーション、海外映画の吹《ふ》き替《か》え、CM《シーエム》やテレビ番組のナレーションなど、仕事の幅《はば》は広い。顔や姿を表に出さずに演じるため、性別や年齢《ねんれい》に関係なく、ときには人間以外の役など、さまざまな役柄《やくがら》を演じることができる。

物語を読みとる理解力と感受性、それを的確に演技する表現力、個性的な声色《こわいろ》、いっしょに収録するほかの出演者とも物語を共有できるようなコミュニケーション能力などが求められる。

こんな君にぴったり

声に特徴《とくちょう》がある、演技が得意、想像力豊か

声優になるまで

技術の基礎《きそ》を身につけるには、声優養成所で学ぶのが近道。その後、事務所のオーディションを受け、所属する。声優の事務所が経営する養成所では、才能があればそのまま事務所に所属することも。所属後は、各番組のオーディションを受けて役を得る。俳優や劇団員から転向する人もいる。

声優養成所
↓
事務所オーディションに合格
↓
声優

声優の現場

アフレコ・アテレコ

アニメーションの声を担当するアフレコの場合、未完成の映像を見ながら声を録音していくことが多い。洋画の吹き替えは声をあてることから、アテレコとよぶ。

オーディション

役を獲得《かくとく》するには、オーディションを受ける。台本を読みこみ、番組制作関係者の前で演じる。自分が一番この役に合っているということを、短い時間でアピールする。

これも声優の仕事

アニメやゲームのイベント

人気のアニメやゲームに出演すると、イベントなどに出て、姿を見せる機会もある。CD《シーディー》デビューをしたり、タレントとして活躍《かつやく》するなどチャンスも広がる。

声優のこれから

めざす人が多く、競争率が高い

アニメが日本を代表するコンテンツとなっている現在、声優の仕事も増えてはいるが、人気の職業なので、志望者が多く、競争率は高い。さらに、近年では、アイドルや俳優としても活動する声優が増えてきている。

これからは、声優としての技量をみがくことはもちろんのこと、プラスα《アルファ》の特技なども求められていくだろう。

仕事データ

■1日の勤務時間
アニメの場合、30分番組の収録が短くて3時間程度、2時間ほどの洋画の本番の収録は1日がかり。

■休日
人気声優は、なかなか休みがとれないことも。イベントなどは土日の開催《かいさい》が多い。

■関連する仕事
アニメーション監督《かんとく》(→194ページ)

美しいシルエットでどんな服も着こなす

モデル

モデルの仕事は、最新の服やアクセサリーなどを身に着け、その魅力《みりょく》をアピールすることだ。身に着ける人が魅力的でなければ、服やアクセサリーも引きたたないので、日々努力し、自分をみがいている。

ファッションショーでは、デザイナーの意図を理解し、美しい歩き方、立ち方、身のこなしなどで服の魅力を表現する。雑誌やポスターなどでは、豊かな表情やポーズで商品の魅力を伝えながら、数十枚、数百枚のカットを撮影《さつえい》する。ブランドの専属モデルとして活動する人、雑誌の読者モデルとして活動する人もいる。

こんな君にぴったり

スタイルに自身がある、ファッションに興味がある

モデルになるまで

新人モデルの募集《ぼしゅう》などに応募《おうぼ》して、モデル事務所に所属する。ファッション雑誌のモデルグランプリの優勝者や読者モデルからも、プロのモデルになる人がいる。仕事はオーディションで決まることが多く競争は厳しい。人気が出れば、タレントや俳優などに活躍《かつやく》の場を広げることも。

モデルオーディションに合格
↓
モデル事務所に所属
↓
モデル

役になりきって人の心を動かす

俳優

映画や舞台《ぶたい》、テレビドラマなどで、演技をするのが仕事だ。台本を読み、役の性格や特徴《とくちょう》をつかむだけでなく、物語の流れ、ほかの登場人物との関係などを理解して、監督《かんとく》や演出家と話し合いながら役をつくっていく。

舞台では、稽古《けいこ》の期間があり、本番までに演出家の指示を受けながら作品をつくっていく。映画やテレビでは、事前に役づくりをして撮影《さつえい》現場で監督や演出家から指示が出る。

俳優になるまで

養成所などで学び、試験に合格して、芸能プロダクションや劇団に所属する。モデルやタレントから俳優になる人も。

こんな君にぴったり 人前で話してもきんちょうしない

芸能人をサポートし、プロデュースする

芸能プロダクションではたらく

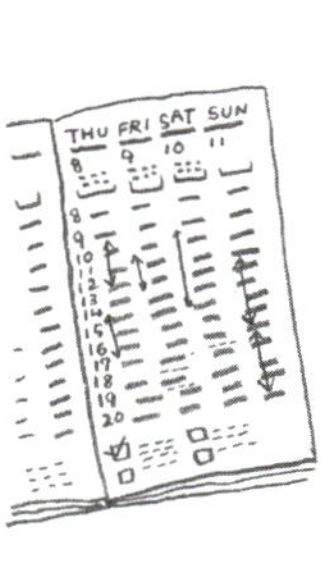

芸能プロダクションで、所属する俳優、タレント、ミュージシャンなどの芸能人のスケジュールを管理して、よりよいパフォーマンスができるようにサポートする。現場への送りむかえ、撮影《さつえい》や取材の立ち会いなどのほか、担当する芸能人が人気を得るための方法を考える。どのような場で、どのような活動をするのがよいか考えて、映画やテレビ番組の制作会社、出版社などに出演交渉《こうしょう》をおこなう。

芸能プロダクションではたらくまで

芸能プロダクションの採用に応募《おうぼ》する。普通《ふつう》自動車免許《めんきょ》、基本的なパソコンスキルなどが応募条件のケースが多い。

こんな君にぴったり 人のいいところを見つけるのが得意

役者やスタッフをまとめて芝居《しばい》をつくる

舞台演出家

演劇やミュージカルなどの舞台《ぶたい》をつくりあげる。舞台演出家は、脚本《きゃくほん》づくりから、出演者やスタッフ集め、俳優の演技指導、舞台装置、照明、衣装《いしょう》など全てについて、最終決定をする役割だ。古典的な名作を、自分なりに表現したり、オリジナルの作品を発表したりする。

映画やテレビとちがって、舞台は失敗しても中断や、やりなおしはできない。それは、俳優の演技だけでなく、照明や音楽も同じだ。そのため長い稽古《けいこ》期間をとり、スタッフ全員で完成に向けて仕上げていく。公演がはじまったあとも、舞台を見て、指示を出しつづけていく。

こんな君にぴったり

舞台が好き、想像力豊か、体力がある

舞台演出家になるまで

専門学校や大学で演劇について学ぶ。劇団に所属して演出助手として経験を積み、演出家をめざす道、自分で劇団を立ちあげて演出家を務め、人気を得る道などがある。才能を認めてもらうには、人脈をつくり、演劇関係者などに作品を見てもらうことが大切だ。

専門学校・大学（芸術）

- 劇団に所属 → 演出助手 → 演出家
- 劇団を立ちあげる → 演出家

1本の芝居が上演されるまで

芝居《しばい》づくりには、スポットライトを浴びている**俳優**（→237ページ）たちのほかにも、たくさんの人々がたずさわっている。**舞台《ぶたい》演出家**（→238ページ）が、脚本《きゃくほん》と出演者、スタッフを決定し、公演の準備がはじまる。劇団によっては、演出家が脚本を書くこともある。稽古《けいこ》前に、演出家と、本番で出演者やスタッフにキューを出す**舞台監督**、セットをつくる**舞台美術スタッフ**が話し合い、イメージをかためる。**演劇制作**のスタッフは稽古場を手配したり、出演者やスタッフにスケジュールを伝えたりする。

演出家と出演者が稽古をはじめると、舞台監督は稽古を見ながら、出演者が舞台上に出入りするタイミングや、場面転換《ばめんてんかん》での道具の移動について確認する。さらにセットや小道具を担当する美術スタッフ、**照明スタッフ**、**音響《おんきょう》スタッフ**などと打ち合わせをしていく。演出家もいっしょに、照明の転換などのタイミングを確認して、舞台がスムーズに進行するようにまとめていく。

ポスター制作などの宣伝活動をするのは**広報**の仕事だ。制作の担当者が担うこともある。本番当日、お客さんを劇場にむかえいれるのは、**レセプショニスト**の役割。こうして舞台の幕が上がる。

感情や物語を踊《おど》りで美しく見せる

バレエダンサー

バレエは、音楽と踊り、衣装《いしょう》、照明、美術などで物語の世界を見せる舞台芸術。そのなかで踊りを仕事にしているのがバレエダンサーだ。
バレエには、基本の姿勢やポーズ、動きがある。ジャンプや回転技《わざ》など高度なテクニックをもつダンサーでも、毎日この基本をくり返し練習する。同じポーズや動きでも、ダンサーのレベルによって見栄《みば》えはまったくちがうのだ。振《ふ》り付け師（→241ページ）のイメージを聞き、動きの強弱やテンポ、表情などで、役やテーマを表現する力も求められる。近年、日本人でめざましい活躍《かつやく》をするダンサーが、男女問わず増えている。

こんな君にぴったり 運動神経がいい、リズム感がある、コツコツと努力できる

バレエダンサーになるまで

プロになるには、オーディションに合格し、バレエ団に所属する。そのためにバレエ教室やバレエ団付属のバレエ学校で厳しい練習を重ねるが、団員になれるのはごくひとにぎり。才能があれば、海外のコンクールで賞をとったり、世界的に有名なバレエ団で主役を務めたりすることもある。

バレエ教室
↓
バレエ団のオーディション
↓
バレエダンサー

踊りで見る人の心をとらえる

ダンサー

自在に動く体とステップやテクニックで、人の心を動かす表現をする仕事だ。モダンダンス、ヒップホップ、ジャズダンスなどのストリート系ダンスとさまざまなジャンルから専門の分野をもち、踊る。ダンスのステージのほか、歌手(→245ページ)のバックダンサー、テーマパークのショーなど、活動の場も広い。しかし、ダンスだけで生計を立てるのは大変で、ダンス教室の講師などをしながら活動する人も多い。

ダンサーになるまで

専門学校やダンス教室でレッスンを重ね、プロダクションなどの専属ダンサーになるか、フリーで活動する。

こんな君にぴったり 音楽を聞くと思わず体が動く

ダンスや動きを創作しさまざまな場を盛りあげる

振り付け師

ダンスや振り《ふ》(体の動き)を考えだす仕事だ。バレエやモダンダンスなどダンスが主役の公演のほか、ミュージカルやコンサート、アイドルグループや歌手の曲、教育番組で子どもたちとうたう歌、CM《シーエム》など、さまざまな分野がある。

振り付け師は、場面と目的、演じる人の個性に合わせて、その場にピッタリの動き、今までにない動き、思わず多くの人がまねしたくなる動きなどをつくりあげていく。

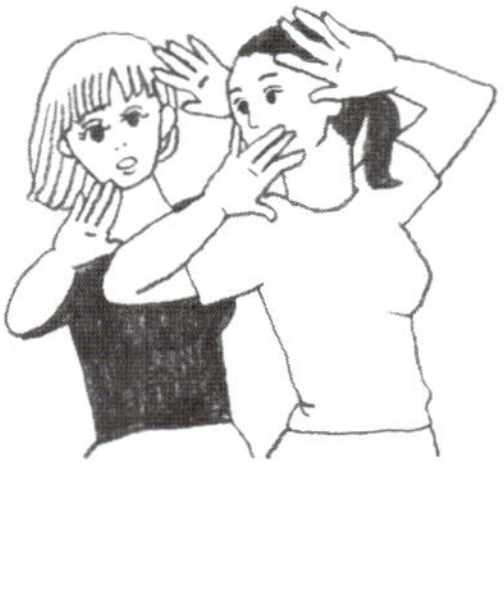

振り付け師になるまで

分野を問わず、ダンサーの経験があったほうがよい。業界で人脈をつくって、仕事を紹介《しょうかい》してもらうことが多い。

こんな君にぴったり ダンスが得意、人に教えるのが得意

レコーディングエンジニア

音のバランスをとり、理想的な音をつくりだす

音響《おんきょう》機器を使って、複数の音をバランスよく組み合わせ、ひとつにまとめるのが仕事だ。たとえばCD《シーディー》などの録音では、ドラム、ベース、ギター、コーラス、歌などを、それぞれ分けて録音してから、ひとつに組み合わせて調節している。全ての録音に立ち会い、音質の調整や機械の効果などを使って、ミュージシャンが納得する音に仕上げていく。最後に全ての音をひとつにまとめて、音の強弱のバランスや音色を調整する「ミキシング」をおこない、求める音を完成させる。

こんな君にぴったり

音楽が好き、機械に強い、ねばり強くやりとおせる

レコーディングエンジニアになるまで

専門学校や大学で、音楽や音響、音響工学などを学び、レコード制作会社や音楽スタジオ、音響会社やコンサートホール、映像制作会社や録音スタジオなど、それぞれの分野に合わせて就職する。はじめはアシスタントとして経験を積み、技術やセンスを身につけて、独立をめざす。

専門学校・大学（音楽）
↓
レコード制作会社などに就職
↓
レコーディングエンジニア

レコーディングエンジニアの現場

録音スタジオ

ミュージシャンや歌手のレコーディングに立ち会って、歌声や演奏を収録する。微妙な音の調整を何度もくりかえし、それぞれの楽器や歌声のバランスを調節する。

コンサート、ライブ、イベント

楽器や人の声などの音を、PA《ピーエー》とよばれるシステムで一度ひとつにまとめ、音のバランスを調整するミキシングをしてから会場に流す。PAエンジニアともよばれる。

これもレコーディングエンジニアの仕事

放送局や映像スタジオ

人の声やBGM《ビージーエム》、効果音など、映像に関わるありとあらゆる音を、映像に合わせて効果的にミキシングする。MA《エムエー》（マルチオーディオ）ミキサーとよばれる。

レコーディングエンジニアのこれから

機器の進化にも対応する

レコーディングスタジオでも、ライブやイベントでも、映像の世界でも、音楽や音のあるところにはミキシングが必要で、レコーディングエンジニアの果たす役割は大きい。ただし、プロとして仕事を続けるには、つねに進化する機器について学び、使いこなす技術を身につけ、さまざまな音に触《ふ》れ、音楽的センスをみがく努力が必要だ。

仕事データ

■1日の勤務時間

ミキシングが完成するまで、またはコンサート会場で機材の準備、公演、片づけまでなど長時間労働が多い。

■休日

レコーディングやライブは土日におこなうことも。コンサートやイベントが多い夏場は休みがとりにくい。

■関連する仕事

A&R《エーアンドアール》（→244ページ）、ミュージシャン（→245ページ）

アーティストと作品を生みだす

A&R

A&R《エーアンドアール》は、アーティスト&レパートリーの略。アーティスト（ミュージシャンや歌手などの表現者）と作品、レコード会社とをつなぐ仕事だ。日本ではまだ新しい名称《めいしょう》で、音楽プロデューサー、音楽ディレクターなどとよばれる仕事に近い。デビューさせたいアーティストを見つけて契《けい》約《やく》を結び、そのアーティストに合った曲をプロデュースする。CD《シーディー》などの制作に必要な予算やスケジュールの管理をして、アーティストの制作現場に立ち会ってアドバイスすることもある。できあがった音源の管理や曲の宣伝活動もふくめ、アーティストと作品の全てを担当する。

こんな君にぴったり 音楽が好き、リーダーシップがある

A&Rになるまで

レコード会社に就職して、経験を積み、A&Rの職に就く。芸能プロダクションに所属する人、フリーで活動する人、実績を積んだアーティストが若手をプロデュースすることもある。立場によって直接制作の現場に関わる場合と、スケジュールや予算の管理にのみ関わる場合とがある。

専門学校・大学(音楽)
↓
レコード会社に就職
↓
A&R

音楽で人の心を動かす

ミュージシャン

ライブで演奏したり、CD《シーディー》や配信で曲を発表したりして、自分たちの音楽を発信する。ソロ（ひとり）やユニット、バンドで活動し、作詞や作曲も自分たちでおこなう人も多い。

人気を獲得《かくとく》して、活動を続けていくためには、いい曲をつくることはもちろん、自分たちの音楽をたくさんの人に聞いてもらう必要がある。熱心にライブ活動をおこなったり、動画配信サイトを活用したりして、人々に音楽を届ける。

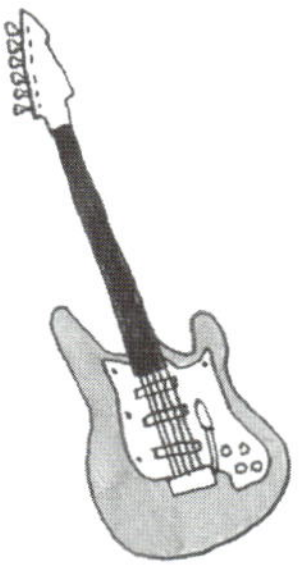

ミュージシャンになるまで

レコード会社や音楽事務所と契約《けいやく》するのが一般《いっぱん》的だが、動画配信サイトで利益を得るなど、活動方法はさまざま。

こんな君にぴったり 音楽で表現したいことがある、楽器が得意

歌声で全てを表現する

歌手

音楽の仕事のなかでも、歌うことを専門にしているのが歌手だ。ポップス、演歌、フォーク、ロックなど、さまざまなジャンルで、曲を歌う。

CD《シーディー》や配信、コンサート、テレビやラジオなど、人々に歌を届ける方法はさまざま。声の美しさや歌唱力、スター性が求められる。近年では、ネット上で、歌った動画を投稿《とうこう》して人気が出ることが多い。

歌手になるまで

音楽事務所などと契約《けいやく》してプロに。インターネットの動画や、自主制作のCDが注目されてプロデビューする人もいる。

こんな君にぴったり 歌唱力に自信がある

選曲のセンスで場の雰囲気《ふんいき》をつくる
クラブＤＪ

クラブ（クラブＤＪ《ディージェー》が曲を流してダンスなどを楽しむ店）や飲食店、野外でのイベント、ライブなどで、その場に合った曲を選曲し、盛りあげる仕事だ。２枚のレコードをターンテーブルという機材にのせ、ふたつの曲をたくみにミックスさせながらスムーズにつないでいくスタイルがよく知られているが、パソコンを使うＤＪもいる。

流す曲のジャンルはさまざまなので、幅《はば》広い音楽の知識が必要だ。さらに、選曲のセンス、曲をつなぐ技術や、観客を盛りあげる魅力《みりょく》的なパフォーマンスが求められる。

こんな君にぴったり　音楽が好き、場を盛りあげるのが得意

クラブＤＪになるまで

クラブなど店の専属ＤＪになる方法と、フリーランスで活動する方法がある。ＤＪ養成学校で技術を学び、イベントに参加するなどして、経験を積む人もいる。

海外の有名なＤＪには、選曲だけでなく、自分で曲をつくって、ミュージシャンに提供したり、映像をつくるなどの仕事もしている人が多い。

大学・専門学校・養成学校（音楽）
↓
クラブなどで活動する
↓
クラブＤＪ

1枚のCD《シーディー》が店に並ぶまで

ミュージシャンや歌手が音楽を発表するCD《シーディー》。CDづくりにも、多くの人が関わる。**ミュージシャン**（→245ページ）が**A&R**《エーアンドアール》（→244ページ）を通してCD制作の契約《けいやく》を結び、録音する作品を決定する。曲は**作詞家**や**作曲家**（→208ページ）にたのむことも、ミュージシャン自身がつくることもある。

曲が決まったらA&Rはスタジオを確保し、**レコーディングエンジニア**（→242ページ）、**スタジオミュージシャン**などを集めて録音の準備をする。1曲1曲、ミュージシャンたちが各パートを録音して、レコーディングエンジニアがミキシングをおこなう。全曲の録音が終わったら、曲順を決め、**マスタリングエンジニア**が、曲と曲との音のバランスや、音の大きさなどを調整するマスタリングをして、マスターテープをつくる。ジャケットの撮影《さつえい》や歌詞カードの制作、マスターテープの音をCDに複製するプレス作業をおこない、CDが完成。作品のプロモーションビデオをつくる、テレビ出演をするなどの宣伝活動も欠かせない。

CDショップはレコード会社からCDを仕入れて、店に並べる。作品の魅力《みりょく》などをポップに書いて、伝えていく。

まだまだある！

注目のお仕事

食品サンプル制作

本物そっくりの食品サンプルをつくる職人だ。食品サンプルづくりは、日本で生まれた技術。シリコンで本物の食品の型をとり、樹脂《じゅし》で形を整えて、色を塗《ぬ》って仕上げる。基本的に、ひとつの食品はひとりの職人が手作業でつくる。サンプルを店頭に置くことで、飲食店の来客数や売り上げが変わるともいわれる。

ドローンパイロット

ドローン（無人航空機）を操縦する仕事。ドローンを飛ばす目的のうち最も多いのは、搭載《とうさい》されたカメラで撮影《さつえい》すること。安全に気を配りながら、モニターを確認して撮影する。操縦技術と、撮影する映像をイメージする想像力が必要だ。ドローンは今後、宅配に使われる可能性もあり、仕事の幅《はば》が広がるかもしれない。

NPO《エヌピーオー》法人代表

NPO法人（特定非営利活動法人）は、世の中のためになる活動をする団体のこと。教育や医療《いりょう》、福祉《ふくし》、地域や街づくりなど、活動はさまざま。何かひとつの社会問題に強い問題意識をもった人が、NPO法人をつくり、代表となることが多い。利益を求める会社とは異なるので、給与《きゅうよ》が少し低いこともある。

WHO《ダブルエイチオー》メディカルオフィサー

新型インフルエンザなどの感染症《しょう》が拡大するのを防ぐWHO（世界保健機関）の職員。感染症が流行する地域へ行って、人の集まる場所の衛生状態を改善するよう指導したり、大きなイベントを中止したりして、感染を食いとめる。医師の資格や実務経験、感染症の知識、冷静な判断力が必要とされる。

クラウドファウンディングサイト運営

新しい何かを生みだしたい人が、実現するために資金提供を呼びかけるサイトがクラウドファウンディングサイトだ。サイト運営者は、発案者とそれを支援《しえん》したい人がつながる場を提供し、発案者から手数料を得る。クラウドファウンディングからヒット映画が生まれることもあり、今後も活用されていくだろう。

キッチンカーオーナー

調理設備のととのった自動車で、食べ物の移動販売《はんばい》をする。ニーズに合わせて自由に出店できるのが特徴《とくちょう》で、レストランの少ないオフィス街や、屋外のイベントなどに出店している。キッチンカーの多くが、エスニック料理やオーガニック食品だ。おいしい料理を提供し、新しい食文化を人々に広めることができる。

書体デザイナー

ゴシック体や明朝体など、同じ特徴《とくちょう》をもつひとそろいの文字（書体）をデザインする。筆で書いた文字のような書体、だれにでも読みやすい書体など、その文字が使われる目的に応じて、デザインする。最近では、自治体からの依頼《いらい》で、街のイメージにあった書体をデザインするケースもある。

アートアドミニストレーター

芸術家や芸術分野のイベントを支えるのが、アドミニストレーターだ。イベントの企画《きかく》の段階からたずさわったり、芸術家のスケジュールや収入と支出を管理したり、必要な資金を集めたりする。芸術家を支援《しえん》することで、すぐれた作品を世に送りだし、芸術のおもしろさを広く伝えていく。

フィルムアーキビスト

今ではデジタルの映画が主流だが、かつて映画はフィルムで撮影《さつえい》していた。フィルムを貴重な文化財として修復・保存するのがフィルムアーキビストだ。燃えやすいフィルムや、時間がたってとけたフィルムなど、素材や状態に合わせて修復し、デジタル化して保存する。アーキビストの技術を学べる学校は、日本にはまだない。

メディアアーティスト

AI《エーアイ》（人工知能）、ドローン（無人航空機）、VR《ブイアール》（仮想現実）、AR《エーアール》（拡張現実）といった、最先端の技術を用いて、作品をつくる芸術家。作品のジャンルはさまざまだが、有名なものとしてはプロジェクションマッピングがある。人々をあっと驚《おどろ》かせるアイデアと、科学技術への理解が求められる。

ジョブコーチ

障がい者の就職や、職場への適応を支援《しえん》する仕事。得意なことを企業《きぎょう》に伝えて就職先を探したり、就職後には仕事のしかたについて相談にのったりする。職場の上司や同僚《どうりょう》に、どんな支援が必要なのか伝えるのも、大切な仕事だ。地域の障がい者支援センターや、障がい者雇用《こよう》をしている企業ではたらく。

スポーツ用義肢《ぎし》装具士

事故などで手足の一部を失った人がつける義肢《ぎし》のうち、スポーツをするための義肢をつくる。義肢をつくる技術に加えて、陸上競技、水泳、スキーなど、それぞれのスポーツの体の動かし方の特徴《とくちょう》をよく知っている必要がある。「もっとタイムを縮めたい」など、義肢をつける人の要望をよく聞いてつくる。

10代のための仕事図鑑　仕事名さくいん

※色の濃いページでは、項目を立ててくわしく説明しています。

さ

た

●表紙イラスト
須山奈津希

●本文イラスト
船越谷 香

●本文デザイン
鷹觜麻衣子

●カバーデザイン
TYPE FACE（渡邊民人）

●執筆協力
酒井かおる
野口和恵
山内ススム

●編集協力
株式会社 童夢

●校閲
青木一平
村井みちよ

10代のための仕事図鑑

2017年4月17日　初版発行
2021年8月30日　6版発行

編者　大泉書店編集部
発行者　鈴木伸也
発行所　株式会社大泉書店
〒105-0004 東京都港区新橋5-27-1
新橋パークプレイス2F
電話　03-5577-4290（代表）
FAX　03-5577-4296
振替　00140-7-1742
URL　http://www.oizumishoten.co.jp
印刷所　ラン印刷社
製本所　明光社

ISBN978-4-278-08413-9　C8036